KB093867

안녕, 나의 아름다운 미물들

안녕,
나의 아름다운
미물들

작고 하찮고
사랑스러운
아홉 누에와
집사의 여름 한 철
동거 일기

안은영

메디치

누에와 함께한
어느 여름 이야기

누에는 생물학적으로 누에나방의 애벌레를 뜻한다. 그런가
하면 형태적으로 이런 구분도 있다.

"누워 있는 벌레."

벌레가 누워 있다니 좀 수상하다. 문어는 머리를, 달팽이
는 배를 밀며 걷듯 곤충의 애벌레는 짧고 많은 발로 기는 족
속 아니었던가. 누에는 그 흔한 가시도 독침도 없이 태평하
게 누워 있는 애벌레다. 역설적으로 누워 있어도 될 만한 비
범한 구석이 있다는 뜻일까.

그러나 유충부터 성충 시기까지 누에나방의 비범성은 눈
을 씻고 찾아봐도 발견되지 않는다. 오죽하면 느리고 순한
습성 그대로 이름이 되었을 지경이다. 산제비나비, 왕물결
나방 등 나비목 곤충들은 서식지나 생긴 모양에 따라 이름

이 붙었지만 유독 누에나방은 애벌레 시기의 특징 그대로 정식 명칭이 되었다. 날개돋이를 마친 누에나방은 갈색 더 듬이를 제외하고 머리부터 날개와 다리까지 색조 한 방울, 음영 한 줄 없는 수수한 미색이다. 누에나방속(屬)이 모두 그런 것은 아니다. 밋밋한 누에나방은 유리산누에나방, 반 달누에나방, 옥색긴꼬리산누에나방처럼 무성한 털이나 화 려한 날개를 가진 친구들과도 한집안이다. 다만 사는 곳이 다르다. 한쪽은 산에 살고 한쪽은 집에 산다.

누에가 호감형이 아닌 것은 나도 알고 있다. 그럼에도 어 느 오지랖 넓은 인간의 누에와의 여정에 동참하기로 했다면 몇 가지 기초 지식이 필요하다. 누에 애벌레는 크게 머리, 가슴, 배로 구분되고 다시 열세 개의 몸마디로 구성된다. 머 리부터 이어진 첫 세 마디가 가슴 부분, 다음의 열 마디가 배 부분이다. 정처 없이 꼬물거리는 것처럼 보이지만 엄연 히 발이 있다. 무려 여덟 쌍이나 되는 발로 먹이 냄새가 나 는 방향을 따라 이동한다. 가슴마디에 세 쌍의 가슴발, 배마 디에 네 쌍의 배발, 몸의 끝에 한 쌍의 꼬리발이 있다.

누에의 피부는 단단한 껍질로 덮여 있어서 몸이 커갈 때 마다 껍질을 벗고 더 크고 새로운 피부로 바꾸면서 성장해 간다. 이 과정을 허물벗기 또는 탈피라고 한다. 애벌레 기간 동안 탈피는 네 번 반복되는데 탈피에서 다음 탈피까지의 기간을 령(齡)이라고 한다. 인간이 1년에 한 살씩 나이를 먹듯이 애벌레는 령의 수로 성장의 변곡점을 잡는다. 부화 직후부터 1회 탈피까지를 1령, 다음 2회 탈피까지를 2령, 이런 식으로 3령과 4령, 마지막 5령에 이르면 애벌레 시기가 끝난다.

탈피할 때는 그 좋아하는 뽕잎도 마다하고 정지 상태로 숨만 쉰다. 그 모습이 잠을 자는 것 같다고 해서 옛사람들은 첫잠, 두잠, 석잠, 넉잠이라고 일컬었다. 1령인 누에가 2령이 되려면 첫잠, 2령 누에가 자라 3령이 되려면 두잠, 3령과 4령 누에는 각각 석잠과 넉잠을 잔다. 넉잠을 잔 뒤 누에는 비로소 고치 지을 장소를 찾아 번데기가 될 준비를 한다.

누에는 봄누에와 가을누에로 나뉜다. 봄누에의 한살이는 6월부터 7월, 가을누에의 한살이는 8월 말부터 10월까지다. 여름누에는 드물다. 습기가 많아 낙오율이 높기 때문이다. 봄누에와 가을누에는 각각 활동 시기가 아닌 탄생 시기, 즉 부화 시점을 기준으로 나뉜다. 늦은 봄과 초가을에 누에나방의 알이 부화하기 때문이다. 한 해 동안 두세 차례 부화하는 것은 누에 본연의 생태는 아니었을 것이다. 대개 누에의 수요를 극대화하기 위한 누에 농가의 오랜 노림수로 본다. 보급이 여의치 않은 겨울에는 사육하지 않는다.

어여쁘기로는 나비, 성가시기로는 나방일까. 그렇지 않

다. 개체수로 보면 지구상에 나비보다 나방이 훨씬 많으며 나비를 능가하는 아름답고 우아한 나방 종들이 대다수다. 내가 나방의 아름다운 물성에 대해 처음 자각한 것은 아주 깊은 한밤중 숲속에서였다.

○ ᏟᏏᎤ ○

그날 숲에서 깨어 있던 것이라곤 멀리서 점멸하는 송전탑뿐이었다. 임도가 끝나자 부드러운 흙과 낙엽이 깔린 오솔길이 이어졌다. 한밤중에 나는 지인 몇 명과 키 큰 나무들이 어깨를 맞댄 채 잠을 자는 어둡고 고적한 숲을 걸었다. 길양쪽으로 전나무가 울창했고 계곡 옆으로는 함박나무 꽃망울이 금방이라도 터질 듯이 부풀어 있었다. 깊이 잠든 숲은 신묘한 기운이 감돌았다.

그 시간 우리는 누군가의 비밀스러운 공간에 허락 없이 발을 들인 침입자였고 잠든 정령을 깨우지 않는다는 숲의 규칙을 함부로 어기는 무뢰한이었다. 짐승과 꽃과 나무들은 각자의 공간에서 숲의 정령과 함께 잠들어 있었다. 어지럽게 흩어 핀 뱀딸기도 땅에 엎드렸고 계곡은 숨죽여 흘렀다. 이 밤에 누군가 목을 축이러 온다면 필경 아랫마을 고추밭철망을 넘다가 상처 입은 고라니 정도일 것이다.

우리는 밤의 나방을 보러 가는 길이었다. 열 걸음쯤 떨어진 앞사람과의 거리는 함께 가되 혼자 걷는 느낌을 주었다. 검은 숲에서는 모든 것이 음험하고 위태롭게 여겨진다. 차츰 어둠에 눈이 익으면 어둑한 숲과 고요한 정적이 맞물려 이곳에서 가장 위협적인 존재는 인간이라는 생각에 이른다.

사위는 막힌 데라곤 없이 무한대로 열려 있었다. 들리는 건 이파리 사이로 살금살금 지나가는 바람과 줄기에 걸쳐 있던 나뭇가지가 힘없이 떨어지는 소리뿐이다. 방금 떨어진 나뭇가지가 내 앞으로 굴러와 발에 밟히고 말았다. 파지직, 나무 위에서 단잠을 자는 새들에겐 굉음에 가까울 것이다. 그래서일까. 밤의 숲에선 누구라도 말을 아낀다. 인간의 언행이 명백한 공해일 수 있다는 사실은 깊은 밤 숲에 가보면 알 수 있다.

산마루에 이르러 평평한 곳이 나타났다. 누군가 거대한 광목천의 양쪽 끝을 나무에 건다. 숲속의 빔 프로젝트를 켜듯 아래쪽을 평평하게 당기면 준비는 끝이다. 준비한 플래시를 천에 비추고 손가락을 접어가며 하나, 둘, 셋 숫자를 세면 한 손의 손가락이 다 접히기도 전에 나방이 몰려들기 시작한다. 어디서 그 많은 나방이 살고 있었는지 어안이 벙벙할 정도다. 플래시가 비추는 반대쪽에 앉아 나방들의 화려한 군무를 감상한다. 함께 간 전문가가 무도회에 참석한 나방들의 이름과 그들의 특이성을 일러준다.

생태 수업의 일환으로 나방 탐사를 다녀왔던 그날 내 머릿속에 또렷이 남은 한 가지가 있다. 나방의 한살이는 달의 순환과 함께한다는 사실이다. 그때까지는 불빛을 향해 달려드는 불나방 어쩌고는 유행가 가사에나 있는 줄 알았지 실제로 불빛을 달빛으로 오인해서 일어난 서글픈 결과인 것을 몰랐다.

군무가 이어지면서 개체수도 점점 많아졌다. 어디선가 새로운 녀석들이 끊임없이 나타났다. 흥분한 날갯짓 때문에 하얀 천은 금세 나방의 그림자로 뒤덮였다. 우리는 조금 떨어진 곳에 자리를 잡고 앉아 침묵 속에 달과 나방의 랑데부를 구경했다. 얼마 뒤 우레 같은 날갯짓이 잦아들면서 나방들이 하나둘 광목천 위에 내려앉았다. 그 모습에 음영이 어려 또 다른 우아한 광경이 연출됐다. 몰려든 나방들도 달 주변을 날고 있다는 황홀경을 충분히 만끽한 것 같았다.

이제 돌아가야 할 시간이다. 천을 비추던 플래시로 다른 쪽을 비췄다. 광목천에 앉아 있던 나방들이 플래시 빛을 따라 움직였다. 그 틈에 서둘러 천을 접었다. 밤하늘의 시야를 가릴 정도로 어마어마하게 몰려왔던 나방들은 빛의 암전과 함께 시나브로 사라졌다. 우리도 나방들과의 무도회를 접고 살금살금 숲을 빠져나왔다. 달과 나방은 내게 신선한 영감을 주었지만 그날의 강렬한 군무를 끝으로 나방의 존재는 머릿속에서 점점 희미해져 갔다.

○ ᨳᨳ ○

그보다 한참을 더 거슬러 올라가면 애벌레에 대한 터부의 기억이 자리 잡고 있다. 어릴 적 마당의 감나무에서 떨어진 쐐기벌레에 팔을 쏘인 적이 있다. 팔에 달라붙은 털북숭이에 놀라 울음이 터져 나왔고 그 서슬에 놀란 쐐기벌레가 내 살갗을 쏘았다. 쏘인 부위는 빠르게 부어올랐다. 닿을 때마다 쓰리고 아팠던 피부만큼이나 애벌레에 대한 내 첫인상도 쓰라린 기억을 남겼다. 어른이 되어 취미로 등산을 다녔지만 애벌레만 보면 움찔했다. 애벌레의 완성형인 나비, 나방과 가까워질 리 만무했다. 누에나방과의 연관성은 떠올려 본 적조차 없었다. 하물며 비단이니 실크니 하는 조심스럽고 값비싼 원단에는 눈길도 주지 않았으니 나와 누에나방과의 거리는 멀어도 너무 멀었다.

그러나 모든 우연은 필연을 위해 존재한다는 말이 맞을 때가 있다. 나는 누에 집사가 되었고 그 과정은 자연스러웠다. 사소한 것이라도 경험과 각성을 거치면 심신에 흔적을 남긴다. 누에나방과의 동거 이후 연약하거나 작고 애처로운 것들을 보면 반사적으로 누에가 떠올랐다. 그것의 느릿한 움직임, 바스러질 듯 약한 날개, 우리가 미물이라고 부르는 것의 엄숙한 생을 생각했다. 작고 애처로운 그들이 보기에 인간은 크고 난폭한 포식자 이상도 이하도 아니다. 밝히자면 나는 2022년 봄누에, 2023년 봄누에와 가을누에까지 총 세 차례 누에를 길렀다. 처음엔 동료에게 받았고, 2023년 봄가을 두 차례는 농장에서 얻었다. 이 글은 나의 첫 누에를 만났던 2022년 초여름의 기록이다.

뽕잎을 갉으며 교감하던 애벌레가 먹이활동을 멈추고 실을 뽑을 무렵, 애벌레가 고치 속으로 완전히 자취를 감추던 순간, 누에나방이 미세한 날갯짓으로 삶을 부여잡은 채 죽어가던 찰나, 함께 지내다 생을 다해가는 암컷의 더듬이를 마냥 쓸어주며 주위를 맴돌던 수컷의 작별인사까지 저마다의 모습은 영겁처럼 길었다. 그때마다 나는 길게 숨을 참아야 했다. 생태계의 큰 틀에서 어떤 생을 바라본다는 것은 개입하지 않는 것을 원칙으로 한다. 어쩌면 서로의 삶이 맞물리거나 물리적인 영향을 주지 않는다는 점에서 누에나방은 나의 반려가 아니었을지도 모르겠다. 그러나 무슨 상관일까. 나는 작고 사소한 것에 눈을 맞출 수 있게 되었고 존재를 이해하려고 노력하게 되었다. 즐겁고 눈물겨운 비밀도 생겼다. 종이상자 앞에 쪼그려 앉아 애벌레들의 이름을 짓고 말을 걸고 애를 태웠다. 한낱 미물에게 내가 그랬다. 여기, 그들과 함께한 어느 여름 이야기가 있다.

1부

누에 집사의 길

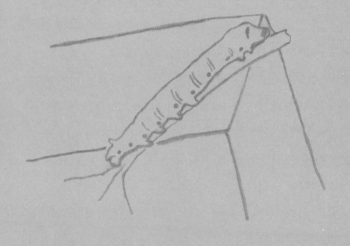

무해한 최소한의 삶

어쩌다 누에나방을 기르게 됐는지를 얘기하려면 내 인생에서 가장 깜깜했던 번아웃과 18년 동안 달려온 직장 생활과의 미련 없는 작별을 떠올려야 한다. 회사를 그만둘 때 나의 목표는 완전한 퇴사였다. 그 외에 어떤 목표도 정해놓지 않았다. 결과적으로 옳은 방향이었다. 첫 한 달은 허리가 시큰하도록 잠을 잤다. 기자 타이틀이 탈락되고 그간 병행해온 저작활동으로 인해 자동적으로 전업 작가가 됐다. 그리하여 글쓰기에 매진했냐면 천만에, 나는 아무런 준비 없이 백수가 되었다.

땀이 쪽 빠지게 자고 난 아침, 전화번호를 바꿨다. 괴팍한 선택이었지만 충동적인 것은 아니었다. 사회생활을 하면서 나는 너무 많은 사람을 알았고 그중 70퍼센트가 사라진 내 명함과 함께 공기 중에 휘발될 관계였으며 우리에게 서로의 연락처는 더 이상 의미가 없었다. 명함 한 장보다 얇게 바스러질 인연을 굳이 핸드폰에 담아두고 싶지 않았다. 자주 통화하고 만나는, 그리워하다가 반갑게 해후하는 사람들만으로도 삶을 채워갈 자신이 있었다. 나는 핸드폰 연락처에 장승처럼 허망하게 서 있는 이름들부터 지워나갔다. 삶을 되돌아볼 시점에서 유익했던 나만의 솔루션 중 하나는 켜켜이 묵은 관계들을 정리한 일이다.

본격적으로 숲에 다니기 시작한 것도 그즈음부터다. 눈앞에 산이 보이면 등산화부터 꿰고 길을 나섰다. 같이 가겠다는 친구나 지인이 있으면 함께, 아니면 혼자라도 상관없었다. 긴장하거나 근심이 있을 때 눈앞에 산이 보이면 쪼그려 있던 배포가 열리면서 '까짓것 대수냐' 같은 마음이 되었다.

산 아래로 이사를 가기 위해 내가 포기한 것은 얼기설기 다양한 인간관계와 흥겨운 야연(夜宴)이다. 시내 한복판에 살았을 땐 집에 놀러오는 손님도 많았고 밤늦게 약속 장소에 나가기도 수월했다. 지금은 숫제 남의 얘기가 됐다. 잦은 저녁 약속들은 숲에 나가는 것으로 퉁치고 오솔길에 살랑거리는 나뭇잎을 황홀하게 바라보다 내려온다. 글을 쓰고 숲에 가는 두 축의 삶은 내게 각별한 즐거움을 준다. 하나는 자발적인 정체의 시간에 머무르는 일이고 하나는 신체와 오감을 활짝 열어 나를 개방하는 일이다. 날마다 뒷산에 올랐다 내려오는 작은 성취는 찬 우물에서 건져 올린 듯 나의 하루를 생생하게 채워준다.

심리적으로도 물리적으로도 나는 숲에 가까이 살고 있다. 전업 작가가 되어 임의대로 산다는 건 숲을 마음대로 드나들 수 있다는 뜻이다. 바꿔 말하면 내가 원했던 행복을 누리고 있다는 말이 된다. 돈과 사람은 나의 행복에 있어 필요조건이 아니었다. 돈을 더 벌고 싶고 더 많이 사랑받고 싶어서 안달하던 내가 과거에 분명 있었다. 그때의 나는 지금 내가 누리는 호사를 두고 콧방귀를 뀌었겠지만 그때의 나라도 부러워했을 한 가지를 지금은 가졌다. 행복의 밀도다. 차곡차곡 단단하게 쌓인 행복감이 어지간한 불안과 우울의 공격을 막아낸다.

그러다 숲해설가가 되었다. 처음에는 그저 숲 공부를 하고 싶었다. 자격증 취득 과정을 따라가다 보면 공부의 얼개는 짜이겠거니 했다. 얼마간의 시간과 돈을 들였더니 떡하니 자격증이 나왔다. 여러 계기가 잔물결처럼 일렁였을 것이다. 그러다가 크고 선명한 파도가 내 안에서 몰아쳤을 텐데 그게 무엇이었고 언제였는지 정확히 기억나지 않는다. 확실한 것은 어쩌다 보니 숲에 와 있다는 것이다. 자부할 수 있는 한 가지는 내 삶은 하나의 결로 흐르고 있고, 예전으로는 돌아가지 않는다는 것이다.

숲에 다니다 보면 아이들의 천진한 시선에 감탄하게 된다. 자연적인 것은 순수한 것과 동음이의어이고 아이들은 숲을 이해하는 가장 순수한 언어를 갖고 있다. 내친김에 유아숲지도사 자격증을 땄다. 주말마다 피리 부는 사나이처럼 아이들을 이끌고 숲으로 들어갔다. 기대에 부푼 까만 눈동자를 대할 때마다 오래전 내가 느꼈던 유년기의 흥분이 되살아났다. 어린이들과 숲 탐사대가 되어 덤불을 헤집은 날이면 집에 오자마자 푸르르 코를 골며 곯아떨어졌다.

그러던 어느 날, 동료가 누에나방 애벌레라면서 작은 상자 하나를 내밀었다. 아이들에게 누에 한살이를 체험하게 해주면 어떻겠느냐는 것이다. 성가심 반 호기심 반으로 갈등하는 내게 동료는 애벌레의 한살이는 도시의 아이들에게 의미 있는 체험교육이 될 것이며 기르다 보면 의외의 귀염성에 놀랄 것이라고 귀띔했다. 물컹한 애벌레에게 귀염성이라니, 말이 과하군. 떨떠름하게 상자를 보는 순간 이걸 열어보면서 탄성을 내지를 아이들의 얼굴이 떠올랐다. 한 치 앞을 모른 채 덥석 상자를 받고 말았다.

상자 뚜껑을 열고 하나 마나 한 상견례를 하고서 애벌레들을 집으로 데려온 날, 자꾸만 헛웃음이 나왔다. 곰곰 생각해도 내가 성가신 일을 벌인 것 같았다. 내 한 몸 건사하는 것도 버거운 판에 팔자에도 없는 애벌레 양육이라니. 내일 날이 밝으면 다시 갖다주리라 마음먹었다. 하지만 아무리 그렇더라도 내 집에 하룻밤 머물게 됐으니 생사 확인은 해야 했다. 살았나 죽었나 슬그머니 상자 덮개를 열었다가 얼른 닫기를 몇 차례 하다가 이튿날이 밝았다.

간밤에 죽지나 않았는지 걱정스런 마음에 덮개를 열었는데 상자 안의 풍경이 웬일인지 어제보다 활기 있어 보였다. 심지어 꼬물거리는 태가 귀엽기까지 했다. 희끄무레하던 몸 색깔은 하루치 뽕잎을 먹었답시고 어제보다 뽀얘진 것 같았다. 밤사이 색과 태가 변하는 게 신기했다. 이파리 한 장을 나눠 먹으며 살아가는 삶도 있다는 걸 처음으로 눈앞에서 인식한 순간이었다.

뽕잎을 잘게 잘라 상자에 넣어주었다. 당장 되돌려주겠다던 마음은 간데없고 먹이를 향해 고개를 움직이는 애벌레들의 모습이 눈에 들어왔다. 무해하고 최소한의 삶이었다. 그것들과의 한집살이가 어떻게 펼쳐질지 궁금해졌다. 그도 그럴 것이 인생이라는 고치에 뭐가 들었는지 맞닥뜨리지 않고는 모르는 것이다. 며칠 못 가 거리두기에 실패하고 누에에게 홀딱 빠져들어 사람 눈 피해 뽕잎 뜯으러 다니는 심마니가 될 줄은, 이 미끄덩하고 수상한 것들을 공들여 키우게 될 줄은 그때는 꿈에도 생각하지 못했다.

알에서 막 부화했을 때 내 모습은 동그랗고 까만 개미

같았나 봐. 크기도 먼지만큼 작아서 사람들은 우리를

개미누에라고 불렀대. 하지만 두고 보라지. 나는

개미보다 훨씬 커질 테야. 애벌레로, 고치로, 나방으로

거듭해서 진화할 거야. 반드시 멋진 누에나방이 될 테야.

실제로 망태기를 어깨에 두르고 뽕잎을 줍고 다녔다. 함께 지내는 이상 먹이주기는 가장 중요한 과업이었다. 이틀에 한 번 꼴로 뽕잎을 따다 공수했더니 나중엔 입이 고급이 되었는지 신선한 뽕잎이 아니면 입도 대지 않았다. 누에들은 몸이 커질수록 점점 많은 양을 먹어치운다. 동네 산책로의 뽕나무를 발견하기까지 한동안은 뽕나무만 보면 떨어진 잎을 찾느라 바닥을 헤집었다. 등산 또는 탐사에 나서거나 지인의 시골집에 놀러갈 일이 있으면 뽕잎 채집용 주머니를 따로 챙겼다.

도심에는 뽕나무가 흔하지 않았다. 시든 이파리에서도 가장 덜 시든 쪽을 찾아먹는 누에들을 생각하면 기회마다 신선한 잎을 쟁여야 했다. 누에들은 축 늘어져 있다가도 새 잎이 들어오면 좋아서 고개를 주억였는데 내 눈엔 어깨춤을 추며 달려오는 것처럼 보였다. 이렇게 먹고 한숨 자고 나면 머리와 꼬리 부분을 누군가 잡고서 쭉 늘린 것처럼 길고 통통해져 있다. 옛사람들이 누에를 '누워 있는 애벌레'라 부른 것은 다분한 생태적 관찰의 결과다.

뽕잎 줍는 일은 누가 봐도 이해되지 않는 행위다. 망태기가 미어지도록 뽕잎을 담노라면 지나는 사람 중 한둘은 반

사랑받는다는 건 뭘까. 우리 누에들에겐 천적의 공격을
받거나 생명의 위협을 느끼지 않아도 되는 평화로운
상태야. 이 집에서 내가 받는 느낌과 비슷해. 평화로운
둥지와 신선하고 사려 깊은 먹이, 그보다 더 기분 좋은 게
있을까. 야호! 나로 말하자면 사랑받는 누에랍니다.

드시 이렇게 물었다. 그거 몸에 좋아요? 누에 줄 뽕잎이에요 라고 대답하면 무서운 농담이라도 들은 것처럼 웃음기를 거둔 채 쌩 지나쳐 갔다. 불룩한 가방을 그러안다시피 휘적휘적 내려오는 길에 이파리 몇 장이 비좁은 가방을 탈출해 바닥으로 떨어지곤 한다. 그럴 땐 머쓱이고 뭐고 없다. 얼른 뒤돌아가 남김없이 주워 온다. 못 먹어도 고! 정신으로 직진 인생을 살았건만 뽕잎을 따면서부터는 열 발짝도 못 걷고 자꾸 두리번거리는 습관이 생겼다.

뽕잎을 갉느라 꿈틀대는 애벌레의 등을 위에서 내려다보면 새끼 먹이는 어미처럼 마음이 놓였다. 먹지 않을 때의 움직임이 하도 느려서 죽었나 싶어 소스라쳤던 순간들도 있었고, 이목구비 경계가 없는 우스꽝스런 생김새에는 점차 치명적인 귀여움을 느꼈다. 그 순간 나는 깨달았다, 누에와 사랑에 빠졌다는 것을.

숲모닝 누에모닝

집에서 누에나방을 기른다고 했더니 누군가 물었다. 반려충인가요? 마침 답을 찾고 싶어 곰곰 생각했다. 두 관계의 시작과 끝은 나의 애착에서 출발해 원점으로 돌아온다. 역동적인 상호 교감을 기대하기란 어렵다. 누에나방의 한살이는두 달이 채 안 되니 인간의 반려라고 하기에도 턱없이 짧았다. 자연의 질서에 입각한다면 누에나방을 바라보는 나의시선은 측은지심이다.

누에나방 애벌레의 고치로 명주실을 뽑고 번데기를 만들어 먹는 행동은 인간만이 한다. 그뿐 아니라 환을 만들어 질병 치료에 쓰기도 한다. 쪄서 말리는 과정을 거치는데, 5령째 사흘이 지난 애벌레가 이에 사용된다. 나는 나의 누에나방으로 고치의 실을 뽑아내거나 가루를 내어 보신할 생각이없다. 그것이 부여받은 생을 남김없이 쓴 다음 순리대로 소멸할 수 있기를 바랄 뿐이다. 함께 살면서 서로 다른 세계관의 질서를 나름 유지하고 있다는 뜻에서, 집 안에 돌보아야 할 생명체를 둔다는 것은 그것의 안위에 대한 책임을 갖고 있다는 뜻에서, 누에나방은 나의 반려가 맞았다.

누에 상자를 받아들고 집에 온 날 상자 둘 곳을 정하지 못해 이곳저곳을 서성였다. 거실은 에어컨에 항시 노출돼 있었고 안방은 잘 때 빼곤 내가 가장 적게 드나드는 곳이었다. 세탁실과 베란다에 두어봤지만 헛간에 업둥이를 재우는 주인마님처럼 어쩐지 정나미 없어 보였다. 어정쩡하게 들고 다니던 종이상자를 작은방 책상에 올려놓자 그제야 마음이 놓였다. 서재이면서 요새, 천국이면서 감옥인 나의 작은 방에서 또 하나의 즐거운 공상이 시작되는 순간이었다. 오롯이 나 혼자서 누리던 공간에 누에들이 터를 잡자, 나는 하릴없이 시시때때로 들락거렸다. 양치하면서, 냉동밥을 데우면서, 청소포를 밀면서, 친구와 통화를 하면서 종이상자에 불쑥 얼굴을 들이댔다.

방문 옆 벽에는 지난해 채집해온 향모 다발이 걸려 있다. 봄에 꽃이 필 때 줄기와 뿌리에 집중적으로 방어물질인 향이 생기는데, 그늘에서 잘 말리면 이름처럼 진한 향기가 해를 넘겨 퍼진다. 집 근처 야트막한 산에 소풍을 갔다가 향기에 반해 뽑아온 뒤로 향모가 피어나는 시기가 되면 50원짜리 동전 두께만큼씩 채집해 와 방에 걸어둔다.

은은한 향모 향이 방에 가득하던 초여름 막냉이, 회오리, 해보, 토마스, 술래, 소피, 동백이, 몽쉘, 흰둥이까지 아홉 마리 누에와의 동거가 시작됐다. 찍어낸 것처럼 똑같이 생긴 애벌레들에게 각각의 이름을 붙일 수 있을 거라고는 당연히 생각하지 않았다. 그러나 머지않아 움직이는 동작과 이마만 보고도 녀석들을 완벽하게 구분할 수 있게 되면서 마침내 나는 누에 광인으로 등극하게 된다.

　내 집 앞의 숲은 낮은 산에서 이어지는 산책로가 잘 갖춰진 형태로, 높은 산의 기백은 없지만 그런대로 숲의 정취를 느낄 수 있다. 새벽 네 시만 되면 새들이 깨어 울고 밤에는 고라니 울음소리에 소스라치기도 한다. 목청을 찢으며 터져나오는 파열음이라 한밤중에 이불자락을 끌어올리게 되지만 다음 날 아침 산에 가보면 간밤에 고라니가 그토록 울었던 이유를 짐작도 할 수 없다. 숲은 여전히 평화롭고 저간의 비밀은 상수리나무 아래 깊이 묻혀버린 뒤다. 그래서 숲을 좋아한다. 모든 것을 알고 있지만 아무것도 밝히지 않는다. 선을 넘지 않으면서 함께 걸어주는 친구 같다. 비나 눈이 올 때도 좋지만 아무 일이 일어나지 않는 오후에도 숲은 생생하게 살아서 내게 말을 걸어온다. 부득이하게 산책을 거른

날은 종일 몸과 마음이 찌뿌둥하다.

하루하루의 산책은 나에게 딱 하루치의 성취감을 준다. 거창한 계획보다 하루를 알차게, 먼 미래의 꿈보다 오늘 행복하게 사는 것이 목표인 나에게 이보다 소중한 일과는 없다. 소소한 산책에 익숙해지면 눈에 들어오는 자연물이 있게 마련이다.

올괴불나무는 초봄에 짧고 설레게 나를 반겨준다. 힘껏 자라봐야 1~2미터 남짓의 관목으로 초봄에 잎보다 먼저 연분홍색 꽃을 피운다. 민가나 길가에선 볼 수 없고 산 중턱쯤 가야 얼굴을 보여주는 나무다. 3월 중순의 산 중턱은 아직 춥다. 저보다 두세 배 키가 큰 나무들도 겨우 잎눈이나 틔울 뿐이다. 이 시기에 올괴불나무는 작은 촛불을 켠 듯 함초롬하게 꽃을 피워 주변의 잿빛을 물러낸다. 만개한 꽃이 뿜어내는 그윽한 향기는 시린 초봄에 누리는 호사다. 나는 이 꽃을 좋아해서 매년 봄이 오면 산골짜기로 만나러 간다. 어쩌다 꽃 마중을 놓친 해에는 꼬박 1년을 기다려야 한다. 종을 매단 듯 꽃잎 아래로 꽃술을 곱게 내린 자태에 매혹됐다면 기다릴밖에 다른 수가 없다. 햇살이 인색하고 구름만 두껍게 내려앉은 초봄, 향과 색으로 말을 걸어오는 이 꽃을 발견한다면 심장 가득히 그 순간을 즐겨야 한다.

이 밖에 숲은 사랑스럽거나 신비로운 것들 천지다. 다리가 짧아 알을 품지 못하는 뻐꾸기가 올해는 동박새 둥지에 알을 탁란할 즈음 벚꽃이 진다. 부화한 아기 뻐꾸기가 적반하장으로 동박새 알을 둥지 밖으로 떨어트리면 지나던 누룩뱀이 꿀꺽 허기를 채우고 꽃피우기 한창인 아카시나무는 못 본 척 눈을 감는다. 개구리의 교향곡에 맞춘 쇠딱따구리의 드러밍(drumming), 참나무 둥지에서 잠자던 사슴벌레와 새 집 짓던 두더지의 신경전이 가라앉으면 분홍색 칡꽃이 심벌즈처럼 향기를 팡팡 터뜨리면서 계절이 바뀐다.

때를 놓치면 기다려야 하고 내게 오지 않는 행운은 흘려보내야 한다는 것을 숲에 와서 알았다. 떨어지는 동박새 알이나 두더지에 잡아먹히는 사슴벌레가 '너 때문이야!' 할 리 없다. 일단 받아들이면 당장의 억하심정은 순리가 해결해준다. 누룩뱀을 기다리는 멧돼지, 두더지를 노리는 삵이 순리의 수레바퀴가 되어준다. 경구처럼 '나 때문이야'를 되뇌는 이유다. 가열한 기자 생활, 혼돈의 작가 생활, 파란만장 숲 생활까지 오늘날 내가 여기 있는 것은 온전히 내가 내린 선택의 결과다. 이걸 숲에 와서 깨달았다.

숲에 드나든 뒤로 내 집 현관은 공동먼지구역이다. 흙 묻은 배낭과 신발, 먼지가 부옇게 앉은 모자가 속속 제자리를 찾아가는 곳이다. 모자에 붙어 있던 열매 파편과 작은 나뭇조각, 바짓단에 쓸려 온 마른 들풀도 떼어낸다. 이것들은 나의 귀갓길에 털레털레 붙어온 동반자다. 보리수 열매를 잔뜩 따먹고 주머니에 한 움큼 집어넣고는 그 손을 바짓단에 대충 닦으면서 억센 풀숲을 헤집었다는 반증이기 때문이다. 산에 있을 땐 먼지와 잔뿌리 따위를 신경 쓸 겨를도 이유도 없지만 집에 들어서면서부터는 다르다. 투구와 갑옷을 벗듯 무장해제하는 홀가분함은 내가 숲에 다니면서 만끽하는 소소한 기쁨 가운데 하나다. 숲에서 뒹굴뒹굴 놀다가 일상의 안온함에 파묻히는 시간을 사랑한다. 깨끗이 세탁한 티셔츠로 갈아입고 쾌적하고 향긋한 공간에서 지내는 행복도 내겐 중요하다. 삶은 흔들리면서 균형을 맞춰가는 것이다. 어느 쪽으로든 오래 치우쳐 있으면 탈이 나기 십상이다. 산골에 파묻혀 자연인으로만 살라고 한다면 나는 일주일 만에 떨쳐 내려올 것이다.

창으로 야트막한 산허리가 보이는 작은방은 나의 놀이터다. 책을 읽고 글을 쓰고 음악을 듣는다. 이도 저도 마음이 안 잡힐 때는 재봉틀을 드르륵 돌려 천 가방이나 보자기 같은 걸 만들어두고 생각날 때마다 친구들에게 선물한다. 재봉틀을 돌릴 땐 온갖 번뇌가 함께 모터에 갈려 기분은 좋은데 실력이 한참 모자라 만드는 소품이 거기서 거기라는 맹점이 있다. 책도 많고 잡동사니도 많아 하루걸러 한 번은 환기를 시켜주는데 바빠서 며칠씩 까먹을 때도 있다. 그런 날 환기를 핑계 삼아 늦은 밤 창문을 열 때 얼굴에 훅 끼치는 바람의 안부 인사를 좋아한다. 마침 좋아하는 음악에 파묻혀 있고 오랜 친구가 옆에 있다면 그보다 훌륭한 하루의 마무리가 없다.

자발적 백수가 되어 삶의 지향을 찾아가는 과정에서 내가 선택한 최고의 키워드는 숲이었다. 여러 선택지와 그에 따른 결정들이 내 시간을 다채롭게 채워갔고 좋은 경험과 훌륭한 친구를 만나 영혼의 살을 찌우기도 했다. 그러는 동안 나는 꿈에도 내가 애벌레의 집사가 될 운명을 떠올려보지 않았다. 인생의 나침반을 숲과 책과 음악에 맞추어 걸을 적마다 운명의 여신은 누에나방이 든 상자를 옆구리에 끼고 나를 굽어보았을 것이다. 저 한 치 앞을 모르는 무지렁이에게 이걸 언제 떨어트려 주지? 하면서 말이다.

진격의 동거충

사고 싶은 것이 자꾸 생겨나서 큰일이다. 오목한 앞코에 발등의 정맥이 여리하게 도드라지는 단화 한 켤레가 있으면 좋겠다. 집 앞 편의점이나 맥줏집에 갈 때 입어도 좋고 양반다리를 하고 앉아도 구김 걱정 없는 바지 한 벌도 눈에 아른아른하다. 캠핑용 커피 그라인더 또한 몇 개월째 노려보고 있다. 커피를 멀리한 지 1년이 되었고 어쩌다 봉지 커피로도 충분한 내가 굳이 그라인더를 사야 할 이유는 없다. 그러나 이유 따위 뭐가 중요해. 나는 그저 갖고 싶다.

살다 보면 중요한 시기일수록 돌발 사건이 동시다발적으로 일어난다. 해치워야 할 일을 앞에 둔 인간의 뇌 구조도 마찬가지인 것일까. 내 눈앞에는 마감을 앞둔 글거리가 버티고 있다. 나는 빨리 해치워야 할, 그러나 미루고만 싶은 일을 눈앞에 둔 채로 그와 동시에 한눈팔기의 흐름을 좇는다. 당장 필요하지도 않은 쇼핑 목록을 추리던 나는 난데없이 대청소를 하기로 마음먹는다. 마감 중에 대청소라니, 스트레스를 떨치려는 꼼수로는 과도한 노동인데 라고 생각하면서 고무장갑을 낀다.

어느새 나는 한 손엔 걸레, 한 손엔 세제를 들고 뽀드득 소리가 날 때까지 창틀을 닦는다. 청소 자체보다 해야 할 일로부터 도망치는 데에 집중한다. 방방마다 창틀의 땟물을 닦아낸 뒤에는 시간을 보낼 다른 일을 찾는다. 이번엔 옷장 정리다. 끝내 목이 늘어난 양말 두어 켤레와 사이즈가 줄어든 스웨터를 골라냈다. 정작 솎아내야 할 것은 회피하려는 마음인데 전혀 상관없는 쪽에 신경을 집중시키고 있다. 문제는 그럴수록 일의 압박이 옥죄어온다는 것이다. 더 이상 물러날 곳이 없다는 자포자기 심정으로 투항하기로 한다. 청소 성애자인 내게 너무나도 익숙한 세제 냄새가 집 안에 가득했다. 공기의 환기뿐 아니라 투항의 의지를 다지기 위해 창문을 열고 컴퓨터의 전원을 켰다.

시간이 얼마나 지났을까. 왠지 찜찜한 기분에 뒤통수가 묵직해져왔다. 열정적 청소와 순순한 투항의 콜라보로 마감 회피 탈주극은 막을 내렸건만 떨쳐지지 않은 이 찜찜함은 뭘까. 갸우뚱하며 자판을 두드리다가 불현듯 어떤 생각이 떠올라 손가락이 얼어붙고 말았다. 온 집에 퍼진 독한 세제 냄새와 후텁지근한 공기는 무얼 말하는가. 바로 이 집에 있는 또 다른 생명체에게 매우 위협적인 환경이라는 뜻이었다. 누에는 습도와 독성에 몹시 취약하다고 했다. 나는 농땡이 부릴 때의 느린 템포와는 비교도 안 되게 의자에서 튀어올라 누에에게 달려갔다.

바로 전날 나는 옷자락에서 떨어진 보풀 같은 2령째의 누에 아홉 마리를 받아왔었다.

　"화장품이나 세제 냄새 안 나는 선선한 곳에 두면 돼요."

　동료의 말에 굳게 고개를 끄덕인 것을 하루 만에 까먹고 풍성한 거품과 함께 이 방 저 방 용맹하게 살균 청소를 한 것이다. 나는 숨을 몰아쉬며 상자 뚜껑을 조심스레 열었다. 누에의 상태는 걱정했던 것보다 괜찮아 보였다. 다행히 질식하거나 습기에 물러지진 않았다. 보풀 같은 그것들은 뽕잎 위에서 작은 몸을 열심히 꿀렁였다. 한숨을 쉬며 숫자를 셌다. 그런데 이게 웬일인가. 한 마리가 보이지 않았다. 상자에서 꼬물거리는 허연 실밥 같은 물체는 아무리 세어봐도 여덟이었다. 이제 한 마리의 행방을 찾아야 했다. 2령 때까지는 자연사하는 확률이 높다던데 독한 세제 냄새에 그만 숨을 놓아버린 걸까. 초여름의 높은 습도에 어딘가에 기진맥진 늘어져 있는 건 아닐까. 그새 상자 밖으로 탈출했을 가능성도 없지 않았다. 상자 안팎과 귀퉁이에서도 녀석은 보이지 않았다. 집 안 어딘가를 기어 다니고 있을 상상을 하니 혼란스러웠다. 이래봬도 누에는 열여섯 개의 발을 가졌다. 엄한 상상은 아니었다. 죽어서 뭉개졌거나 뭔가에 눌려 납작하게 뻗어 있나?

꺼림칙한 생각을 하면서 조심히 잎을 꺼냈다. 잎을 갉던 서너 마리의 누에가 강제로 젖을 떼인 새끼들처럼 대롱대롱 매달렸다. 잎 아랫면을 유심히 봤지만 행방불명된 누에는 발견되지 않았다. 낙담하고 잎자루를 내려놓으려는데 솜털 같은 것이 엄지손가락을 스쳤다. 두께 0.2밀리미터, 길이 1센티미터의 초소형 존재감으로 잎자루에 붙어 있던 아홉 번째 누에였다. 나중에 안 사실이지만 누에는 뽕잎을 벗어나는 일이 거의 없고, 잎의 중심에 길게 뻗어난 주맥과 튼튼한 잎자루 위에 몸을 길게 널어놓는(?) 걸 좋아했다. 2022년 초여름 강렬한 첫인상과 함께 내 생애 첫 누에의 계절이 시작되었다.

낫 놓고 기역 자를 모르던 곤충의 세계에 무턱대고 들어선 나는 난감하기 짝이 없었다. 한겨울에 허기진 나그네의 방문을 받은 산골 외딴집 할머니의 심정이랄까. 대접할 것은 딱히 없고, 뭘 어떻게 해야 할지 난감하다. 밥 한 끼면 되려나? 밖엔 눈보라가 치는데 한숨 자게 부뚜막이라도 내줘야 하나? 내 집에 찾아든 손님을 배 곯려 보낼 순 없지. 시래기 말려둔 것이 어디 있더라? 나는 행주치마에 손을 닦고 부엌으로 들어가는 할머니처럼 주섬주섬 연한 뽕잎 한 장을 둥지에 넣어주었다.

누에는 기척을 거의 내지 않는 동물이라 적당한 생육 환경 속에서 아침에 눈을 한 번 맞추면 종일 잊고 지내도 되었다. 자기들끼리 싸우거나 까다롭게 구는 일 없이 작은 상자 안에서 꼼지락거리는 것이 어린누에의 생활사 전부였다. 누에의 생애주기로 봤을 때 2령에서 3령까지는 어린누에, 인간으로 치면 청소년기에 진입하는 4령부터 다 자란 5령까지 누에라고 구분한다. 내가 받아온 2령의 누에들은 인간의 유년기에 해당해서 발육이 느렸고 외부 자극에도 약했다. 자연사할 확률도 높았으므로 자꾸 들여다보는 게 좋을 것 같지는 않았다.

누에가 집으로 온 날부터 내가 할 일이라곤 조용한 곳에 작은 상자를 놓고 그 안에 뽕잎을 급여하는 것뿐이었다. 누에에 대해 아는 게 없을 뿐 아니라 어떻게 관심을 보여야 할지도 알지 못했다. 말이 통하기를 하나, 손짓 몸짓으로 교감을 할 수나 있나. 눈도 귀도 없는 애벌레와 내가 할 수 있는 건 아무것도 없었다. 죽지나 말아라. 나방으로 우화(羽化)하면 그 귀여운 자태나 좀 보자. 딱 그 정도의 바람이었다. 애벌레가 날개를 다는 경우는 두 가지다. 번데기에서 성충으로 변하는 경우와 매미처럼 애벌레에서 바로 허물을 찢고 나오는 경우다. 누에는 번데기 안에서 차곡차곡 날개깃을 만드는데 이 과정을 우아하게도, 우화라고 부른다.

나와 누에는 같은 시공간에 공존하지만 살 부비며 공생할 수 없는 처지였다. 아직 어린 그들에게 나의 냄새는 치명적일 수 있었다. 누에는 제초제나 농약이 닿은 뽕나무에서 자란 잎만 먹어도 90퍼센트 이상 절명한다. 하물며 인간이 먹고 쓰는 것들이 누에에게 유독할 것은 자명했다. 화장이라고 해봐야 선크림이면 끝이고 향수는 사용하지 않지만 사람이 쓰는 발향 제품은 많건 적건 화학 성분 범벅이었다.

누에와 살면서부터는 핸드크림을 바르지 않았고 샴푸나 샤워 같은 목욕 제품을 사용한 직후에는 누에에게 가지 않았다. 아파트에 살다 보니 음식 냄새가 빠지는 데 시간이 걸리는 것도 신경 쓰였다. 그때그때 환기를 시키고 저녁 먹는 시간이 길어질 때는 누에가 있는 방문을 닫아 두었다. 쉬는 날 음악을 크게 틀어놓고 세제 풀어 주방과 욕실을 박박 닦아야 속이 후련해지는 나의 힐링 타임도 한동안은 금지였다. 그러다 보니 누에를 만날 시간이 턱없이 적어졌다. 아쉬

움의 이면에는 누에를 만나는 시간에 의미 부여가 커지면서 밀도 높은 집중의 시간이 자리 잡았다. 향긋하고 보드라운 손등, 풍성한 샴푸 향, 묵은 김치와 함께 구운 삼겹살의 맛보다 못하지 않았다.

사고 싶은 것이 여전히 생겨나고 있다. 다만 전과는 품목의 방향이 다르다. 갓 따온 뽕잎을 신선하게 보관할 스테인리스 통이 있었으면 좋겠다. 밀폐력이 높아 뽕잎의 신선도를 잡아주고 냉기를 막아주어 맛과 향을 간직할 수 있어야 한다. 이 통만 있으면 오디농장에 두 번 갈 것을 한 번으로 줄일 수 있고 누에들은 신선한 뽕잎을 계속 먹을 수 있다.

애들이 커갈수록 둥지를 넓혀야 하니 가볍고 튼튼한 종이 상자도 필요해졌다. 처음에야 멋모르고 택배상자를 재활용했지만 각종 냄새가 밴 택배상자는 옳은 선택이 아닌 것 같다. 나와 눈맞춤을 할 수 있도록 너무 높지 않으며 감쪽같이 똥을 치울 수 있도록 가로로 넓은 상자라야 한다. 훗날 고치를 틀고 나방이 될 때까지 오래 지낼 수 있는 안전하고 포근한 상자, 뭐가 좋을까.

지금 있는 낡은 탐사용 돋보기 말고 훨씬 견고하고 확대율이 좋은 전문가용 돋보기도 욕심이 난다. 누에들이 잎을 갉을 때의 입 모양, 숨을 쉴 때 옆구리의 숨구멍, 짧고 귀여운 다리의 움직임들을 하나도 빠짐없이 눈에 담고 싶다.

친구야, 잘 봐. 뽕잎이 눈앞에 있잖아? 먼저 앞발로 잎을
움켜잡아. 그리고 이빨로 갉는 거야. 처음부터 욕심내지
않아도 돼. 지금은 이파리만 겨우 갉지만 나중에는
잎자루까지 먹어치울 수 있거든. 지금 우리는 2령에서
3령으로 넘어가고 있어. 일단 죽을 고비는 넘긴 거야.

누에와 하루, 이틀, 사흘

처음에 그것들은 생명체라기보다 뭉쳐놓은 지우개가루 같았다. 뽕잎 큰 것 한 장이나 작은 건 두 장을 넣어주면 아홉 마리가 하루 종일 나눠 먹었다. 어떤 소요도 기색도 없이 뽕잎만 천천히 줄어들 뿐이었다. 밤이 지나고 아침나절의 둥지에는 뽕잎 부스러기와 티끌 같은 똥이 흩뿌려져 있다. 다시 뽕잎 한 장을 넣어주면 그것들은 꿀렁이며 뽕잎 양탄자에 올라타는 것이다. 그 모습은 생물체가 먹이를 먹는다기보다 지우개똥이 뽕잎에 붙어 있다고 하는 편이 사실에 가깝다. 저희들 나름의 체급으로는 운동력을 갖췄다 하겠지만 내 눈에는 턱없이 미비했다.

누에를 만날 때는 철저하게 누에의 시간이 적용됐다. 워낙 느려서다. 포트에 물을 끓여서 찻잎을 거름망에 담은 다음 찻잎이 우러난 찻잔을 들고 둥지에 가보면 고작 1센티미터쯤 움직여 있었다. 그마저도 먹을 때뿐 정지 상태로 소화

중일 때는 그저 지우개똥이었다.

　난생처음 경험하는 애벌레 양육이라 보이는 모든 것이 아직은 낯설었다. 시인 김춘수에게 한낱 풀이 꽃이 되는 순간이 이름 부르기였다면 나에게는 뽕잎 주기였다. 누에들에게 먹이주기를 진심으로 여기기 시작하면서 정이라는 것이 생기기 시작했다. 누에도 다른 애완동식물과 마찬가지로 온도와 습도와 공기를 맞춰주면 인간과 함께 살아가기에 적합한 동반자일 수 있겠다는 생각이 들었다. 누에는 천성이 깨끗했고 공기 중에 냄새나 털이 날리지 않았고 내게 다가와 사랑을 구걸하지 않았다. 그러나 돌아보면 언제나 그곳에서 나를 기다리고 있는 무해하고 애틋한 생물, 나의 마음이 천천히 그들에게 향해 가고 있었다.

　누에의 둥지는 작은 사이즈의 우체국 택배상자였다. 선선한 곳에 뚜껑을 반쯤 덮어놓고 먹이를 줄 때만 가만히 열곤 했다. 그날도 여느 때처럼 냉장고에 넣어둔 뽕잎부터 꺼내 냉기를 식혔다. 찬 뽕잎은 누에의 장에 탈을 낸다. 뽕잎이 먹기 좋은 상태가 되는 동안 뚜껑을 열고 녀석들과 눈인사를 했다. 정확하게 말하면 눈인사는 나 혼자 했다. 누에는 여섯 개의 홑눈을 갖고 있지만 시력은 거의 없다. 청각도 없다. 보고 들을 수 없는 누에는 애벌레는 물론 나방이 되어서도 교교한 침묵의 세계에 산다. 머리에 그어진 까만 줄이 얼굴의 경계를 만들고 있을 뿐이며, 누에의 활동을 결정짓고 판단을 이끄는 감각의 총체는 후각에서 나온다. 동물처럼 돌출된 코가 아니라 얼굴 아래 수염처럼 생긴 더듬이를 통해 냄새를 맡는다. 작고 가느다란 애벌레에게 생존에 필요한 감각기관이 촘촘하게 들어앉아 있다는 것이 놀라울 따름이다. 하긴 우린 모두 하나의 세포에서 시작됐으니 그리 놀랄 일은 아닐지도 모르지만.

누에 입성 사흘째, 어린누에는 뽕잎을 잘게 잘라줘야 한다기에 손으로 찢어서 줘보기로 했다. 이렇게 찢어주면 냄새도 잘 퍼지고 단면이 결결이 살아 먹기도 편할 것 같았다. 이를 뒷받침할 요리 고수들의 비법도 불현듯 떠올랐다. 엄마는 배춧국을 끓일 때나 봄동을 무칠 때 칼로 자르지 말고 손으로 찢어서 조리하면 더 맛있다고 하셨다. 무침을 할 때 차고 깨끗한 손으로 조물거리면 재료의 단맛과 양념이 잘 배어든다고 들은 기억도 난다. 식빵을 구워 먹을 때에도 버터에 구워내 손으로 찢어 먹을 때가 제일 맛있다. 인간이나 애벌레나 먹는 것에 진심을 다해야 삶이 다채롭다.

　뽕잎 한 장에 이토록 궁리가 많은 것은 누에가 너무 작고 연약한 생명체인 까닭이다. 잠시 후 나의 뽕잎 연구는 초보

나는 일주일 전 알에서 깨어난 누에. 눈도 귀도 없는
애벌레야. 내 삶은 뽕잎에서 시작해 뽕잎에서 끝나.
말하자면 뽕잎 한 장이 세상의 전부지. 인간이 보기에
하찮을지 모르지만 이래봬도 내겐 생명이라는 것이 있어.
최선을 다해 살아볼 생각이야.

누에 집사의 오지랖이 아니었음을 알게 됐다. 잘게 찢은 뽕잎을 아직 손에 들고 있을 뿐인데 가까이 있는 누에들이 뽕잎의 향기물질을 감지하고 반응하기 시작했다. 한두 마리가 내 쪽으로 고개를 갸웃하는가 싶더니 조금 떨어진 누에들도 뽕잎을 든 내 쪽으로 느릿느릿 작은 몸을 돌리기 시작했다.

숨이 붙어 있을 뿐인, 작고 우스운 지우개똥이라고 생각했던 나는 그 모습에 적잖이 감격했다. 먼지처럼 붙어 있는 조그마한 수염으로 먹이의 냄새를 감지한 것이 신기하고 기특했다. 갓 찢은 잎을 더 잘 먹는다는 걸 알게 된 뒤 나의 먹이 주는 시간이 더욱 진지해졌다. 깨끗한 손으로 냉장고에서 뽕잎을 꺼내 냉기를 식힌 다음 잘게 찢어 상자에 넣어주었다. 5센티미터를 전력 질주한 누에들부터 코앞에 있던 누에에게까지 풍요롭고 맛있는 아침식사가 제공됐다. 루페를 들이대고 누에들이 잎을 어떻게 갉아 먹는지 들여다보고 싶은 마음이 굴뚝같았지만 식사 시간의 품위를 지켜주기로 했다. 그날은 뽕잎을 다 먹을 때까지 시선을 떼지 않았다. 배부르게 먹은 누에들은 뽕잎 위에서 쉬거나 고개를 주억이며 냄새를 맡았다. 2령의 누에들은 장이 짧아 먹고 나서 한 시간이면 똥을 누었다. 까맣고 동그란 티끌이 꼬리에서 퐁 하고 떨어졌다.

그날 이후 더 이상 누에들을 지우개똥이라고 부를 수가

사방에 뽕잎 냄새가 가득한데 먹을 수가 없어. 분명
앞으로 기어가고 있는데 뒤로 밀리는 것 같은 기분이
든단 말이야. 왜냐고? 내 위로 커다란 덩치가 나를 누른
채 먹이를 먹고 있거든. 한참 동안 구석에 있다가 운 좋게
새 뽕잎의 가장자리를 낚아채 배불리 먹었지. 배가
부르니 고개가 절로 떨어지네. 자야겠어.

없었다. 뽕잎에 반응하면서 고개를 갸웃하던 순간 이후 누에는 낯설고 막막한 미물이 아니라 먹이고 키워야 할 존재로 인식이 대반전했다. 한마디로 누에를 엄연한 나의 동거충으로 받아들인 것이다. 그 한 순간으로 어떻게 그럴 수 있느냐고 묻는다면 이런 대답밖에 내놓을 수 없다. '누구나 사랑에 빠지는 한순간이 있다'고.

지우개똥이라고 놀렸던 첫날과 비교하면 녀석들은 하루하루 성실하게 자랐다. 신선하고 안전한 먹거리와 함께 쾌적한 환경도 중요했는데 누에들의 둥지에 쌓이는 똥이 새로운 골칫거리가 되었다. 누에의 똥은 한방에서는 약재로 쓰일 정도로 영양과 효능이 높다지만 누에에게야 그저 배설물일 뿐이니 둥지에 오래 두어선 좋지 않을 것 같았다. 얼마나 자주 치워야 할 것인가가 난제였다. 전문가들에게 전화를 걸어 상황을 설명하니 가정집에서 소량의 누에를 기를 때엔 소지보다 제습이 먼저라고 했다. 말하자면 똥을 매일 치우는 것이 중점이 아니라 똥이 쌓여 습기가 차는 것을 조심하라는 것이다. 전문 잠사농장이나 사육 시설에는 자동 설비가 갖춰져 있지만 집에서는 일일이 신경을 써줘야 했다.

나흘째 아침, 스킨로션을 처덕처덕 바른 참이라 가까이 가지는 못하고 멀찌감치 누에 둥지를 노려보며 궁리에 빠졌다. 그러고는 책상을 뒤져 넓적한 붓 하나와 OHP 필름을 찾아냈다. 뽕잎 한 장을 찢어 넣어주고 누에들이 먹이에 몰려간 틈을 타 붓으로 조심스레 똥을 쓸어 모았다. 적당히 자른 OHP 필름을 쓰레받기 삼아 똥을 걷어내고 바닥에는 키친타월을 깔았다. 둥지가 이보다 더 보송보송할 수가 없었다. 깨끗한 둥지에서 쉬고 있는 누에들을 보니 뿌듯함이 머리끝까지 밀려왔다. 그러나 자부심은 곧바로 나락으로 곤두박질쳤다. 누에 똥 청소가 이렇게 기뻐할 일이란 말인가.

나는 영장류로서 이것과는 비교도 되지 않는 고차원적인 일을 해왔고 교육받은 대로 어려운 상황들을 돌파했으며 모두가 인정할 만한 일을 성취한 바 있음에도 지금은 누에의 똥이나 치우며 곤충의 집사를 자처하고 있다. 하물며 놀랍게도 그 일을 열성적으로 수행하고 있고 그에 몰두해 있는 하루하루가 나에게 한없는 기쁨을 준다. 나의 지고한 자존감과 일상의 충일감 사이의 어마어마한 불일치는 어디에서 오는가.

살면서 단 한 번도 누군가를 부양하거나 생육을 책임져본 적 없는 상태에서 곤충 아홉 마리에게 무장해제당한 나의 무의식을 어떻게 해석해야 할지 난감했다. 나는 애누에, 즉 어린누에들에게 먹이를 주고 그 틈에 둥지를 정돈하고 아침저녁으로 강렬한 빛과 음식 냄새로부터 보호하는 일이 소중해졌다. 누에를 사육한다고만 생각하면 이런 정서적 일체화는 좀처럼 일어나지 않는다. 나는 누에와의 동거를 넘어 그들에게 점점 매료되고 있었다. 그들로 인해 완벽하게 이질적인 두 존재가 한 공간에서 살아간다는 것을 물리적이고 철학적으로 각성하게 됐다.

누에는 먹을 만큼 먹이를 먹고 충분히 쉬었으며 좋아하는 공간을 찾아 동료와 어울려 지냈다. 단순한 기작(機作)만으로 그들의 삶은 완벽하게 영위되었다. 그들은 먹이와 공간, 동료를 탐내지 않았다. 갑작스러운 변화(대부분 나의 장난)가 둥지에 감지되어도 일체의 공격성이 없이 가만히 기다렸다가 소동이 지나가면 언제 그랬냐는 듯 천천히 움직였다. 한없이 약한 존재의 한없이 지혜로운 방어였다.

'잠모'를 아시나요

아홉 마리의 애벌레가 어엿한 누에나방으로 생을 이어갈 수 있도록 해주고 싶었다. 그러기엔 내가 아는 정보가 턱없이 적었다. 과거로 거슬러 올라가 누에가 우리에게 어떤 존재였는지, 언제부터 인간의 지붕 아래 살게 됐는지 궁금해졌다. 한 달 남짓 누에들의 한살이가 진행되는 동안 누에농가부터 지자체의 잠사사업장을 찾아가 자문을 구했고 도서관에서 자료집을 들춰보았다. 때마침 그즈음 읽던 르네상스 시대에 관한 책에는 이탈리아 도시국가들의 흥망으로 유럽이 몸살을 앓던 15세기에 수녀들이 누에를 중요한 수입원으로 길렀다고 기록돼 있었다.

15세기만 놓고 보면 당시 우리나라에도 권잠정책이 시행됐다. 16세기에는 사치스러운 옷차림이 유행하면서 고급 직물인 명주실을 위해 사대부에서 직접 양잠업을 경영했다 (《조선시대 양잠업 연구》, 남미혜 지음). 17세기 무렵 광해군은 왕비의 친잠례(親蠶禮, 누에치기를 기념해 올리는 제례)를 기념해 사형죄 이하 모두 방면하는 사면령의 교서를 내리기도 했다. 여기에는 "왕비의 깨끗한 희생으로 제사를 올리는 친잠 의식을 만났으니, 너희와 더불어 큰 경사를 기뻐하노라"라고 적혀 있다. 18세기 영조 대에 이르면 "왕비가 상복을 입고 뽕나무 가지 다섯 개를 딸 것", "내명부 빈들은 왕비를 따를 것" 등 왕비의 친잠례 의식을 《영조실록》에 상세히 남겼다.

누에를 기르고 명주실을 짜는 일은 중요한 국가사업이었다. 왕비 주관의 친잠례에서 직접 누에를 돌보고 좋은 직물을 생산하는 실무 담당자를 잠모(蠶母)라고 불렀다. 잠모는 엄격한 면접을 통해 선발되었고 한 해의 누에 농사가 끝나면 면포 1포가 하사됐다. 당시로는 파격적인 대우였다. 성북선잠박물관 학술자료집 《조선왕조실록에서 찾아본 잠모》에 따르면 조선 건국 시기부터 잠모는 친잠사업에서 중요한 역할을 담당했다. 누에가 건강한 것도, 도중에 낙오되는 것도, 견사(絹絲), 즉 명주실의 양이 많거나 적은 것도 모두 잠모의 책임이자 관할이었다.

나는 잠모라는 직업에 매료되다 못해 동화됐다. 옳거니! 이 여리고 순한 것들을 무사히 키워내는 잠모가 되자! 누에에 관한 자료 조사는 누구도 내게 맡기지 않은 책임감을 스스로 부여하면서 엉뚱한 방향으로 흘러갔다.

아리송한 것들은 관련 문헌을 찾아 읽거나 검색을 통해 해결했다. 그럼에도 풀리지 않는 궁금증은 현장 전문가의 도움을 받았다. 누에농가에 자문을 구하면 누에의 생활사에 대해 좀 더 자세히 알 수 있을 것 같았다. 충남의 한 농가 사장님은 누에 까막눈이던 나를 개안케 해준 분이다. 넓은 들판에서 유기농으로 키우는 뽕나무들이 인상적이었는데 사장님은 "배가 불러서 도저히 못 먹을 만큼 따서 드시라"고 뽕밭에 나를 풀어놓으셨다. 사장님네 오디는 말도 못하게 달콤했다. 손톱 밑이 까매지도록 따먹고는 부른 배를 탕탕 치면서 누에의 생육에 관한 과외학습을 받았다. 햇볕을 많이 받은 양지의 뽕잎이어야 단백질이 풍부해 누에가 건강하게 자란다는 얘기도 그곳에서 들었다.

　누에에게 있어 최악의 생육 조건은 습기다. 기본적으로 변온동물이지만 너무 서늘한 환경이나 차가운 먹이는 장에 부담을 주기 때문이다. 누에는 기주식물인 뽕나무 잎에서만 영양분을 섭취하므로 면역체계가 단순하다. 어린 애벌레의 장에 탈이 나면 대부분 치명적이고, 산다한들 회복까지 오랜 시간이 걸린다.

일주일이 지나자 몸이 제법 통통해지고 피부도 뽀얘졌다. 먹는 양이 부쩍 많아지고 잎의 상태에 따라 편식도 한다. 누에들이 입이 짧아지고 버릇이 없어진 건 밥상머리 교육을 잘못 시킨 내 탓이다. 애면글면 먹이주기에 정성을 쏟았더니 이놈들이 뽕잎 귀한 줄을 모르고 신선하지 않은 먹이는 먹지 않았다. 옛말에 자식이 귀할수록 험하게 키우라더니 틀린 말이 없다.

눈에 콩깍지가 씐 것인지 누에들이 먹는 모습을 바라보노라면 시간이 끝도 없이 흘러간다. 그러다 각각의 독특한 특성을 발견했다. 먹이를 넣어줄 때마다 가장 먼저 입에 무는 녀석은 다음에 먹이를 줄 때에도 순위권 안에 들 만큼 득달같았다. 돌아다니면서 긴 시간을 할애하는 또 다른 녀석은 그것이 특성인가 싶었는데 가만 보니 다른 녀석들이 먹이를 다 먹고 사라진 다음에야 천천히 다가오곤 했다. 친구들의 식탐을 피하려는 것 같았다. 냄새를 맡기 위해 머리를 자주 들면서 탐색을 좋아하는 녀석도 있었고, 좀처럼 먹지 않는 녀석도 있었다.

눈에 박아 넣듯이 살피다 보니 어느덧 누에의 암수 구분도 할 수 있게 되었다. 애벌레의 꼬리발 모양과 등에 나 있는 무늬의 형태에 따라 암컷과 수컷이 나뉘었다. 나중에 고치를 만들 때 확인해 보니 암컷과 수컷의 고치 모양도 다른

내 몸은 단순한 구조야. 머리부터 꼬리까지 내 몸의
중앙부에는 소화관이 길게 연결돼 있어. 애기 때엔
먹자마자 한 시간 안에 배설하지만 점점 커갈수록
세 시간에서 다섯 시간까지 걸려. 지금으로선 맛있게
먹고 부지런히 소화하는 것이 어린 나의 소명이야.

걸 알 수 있었다. 나는 한가한 날이면 둥지를 옆에 끼다시피 들여다보았다. 아침 인사, 밤 인사 살뜰하게 건네면서 녀석들의 특성에 맞춰 이름을 지었다.

토마스, 해보, 몽쉘, 막냉이, 회오리는 수컷이고, 술래와 소피, 흰둥이와 동백이는 암컷이었다. 이렇게 나의 아홉 누에 군단의 이름표가 완성되었다. 토마스는 한때 유행했던 어린이 장난감 토마스 기차처럼 쾌활하고 모험심이 많은 데다 걸음이 기차처럼 빨랐다. 대부분의 누에 애벌레는 사실 웃기게 생겼는데 유난히 해죽해죽 웃는 상을 가진 녀석에겐 해보라는 이름을 주었다. 고개를 주억이며 걷는 암컷 애벌레는 동백이라고 불렀다. 탐스러운 동백꽃송이처럼 동그란 머리가 귀여웠다. 어느 날은 최애 애니메이션 〈하울의 움직이는 성〉을 열일곱 번째쯤 보다가 무심코 둥지에 고개를 돌렸을 때 눈이 마주친(나 혼자만의 착각이지만) 암컷에게 애니메이션의 주인공 이름을 따서 소피라고 불렀다. 한낱 미물도 이름 따라 가는 걸까. 소피는 날이 갈수록 극중 소녀처럼 의연하고 다정하게 느껴졌다.

이름을 부를 때마다 휘파람 소리가 나서 기분 좋은 날이면 유난히 자주 불렀던 이름도 있다. 뽕잎 아래 몸을 멋들어지게 말고 있던 녀석, 그때부터 녀석의 이름은 회오리가 되었다. 뽕잎 아래에 숨어 있기를 좋아하는 녀석에겐 술래라는 이름을 지어주었다. 순하고 무던한 암컷이었다. 맨 나중에 고치를 튼 녀석의 이름은 막냉이였다. 먹질 않아 내 속을 무던히도 태웠는데 충생 2회 차의 나방이 되어서는 위풍당당 인싸로 새 인생을 살았다. 새하얀 몸피를 가진 작고 어여쁜 아이는 흰둥이였다. 막냉이와 비슷하게 하위 1퍼센트의 체급으로 태어났지만 마지막 순간까지 용기와 기백이 살아있던 멋쟁이였다.

2부

뽕잎 따는 마음

기고 갉고 싼다

지방 출장으로 며칠 집을 비우게 됐다. 누에 먹일 일이 큰 걱정이었는데 근처 사는 마음 좋은 지인이 집에 들러 뽕잎을 넣어주기로 했다. 굶겨 죽일 일은 없어졌으니 마음은 놓였지만 어린누에들과 며칠의 공백이 생기는 건 울적했다. 고치를 틀기 전까지 애벌레로 사는 기간이 보름 정도이니 그중 사나흘은 적은 시간이 아니었다.

누에는 그새 많이 자라서 길이는 2.5~3센티미터에 두께는 연필심만 해졌다. 뽕잎 아래에 숨어 있던 술래가 먹이 냄새를 맡았는지 둥지 바닥에서 고개를 움직였다. 기차처럼 빠른 토마스도 먹이 반응을 보였다. 돋보기로 녀석들의 입 모양을 확대해 보면 턱에 달린 더듬이가 움직이는 걸 볼 수 있다. 누에가 턱을 높이 들수록 주변에 대한 탐색의 안테나가 크게 작동한다는 뜻이었다. 아직은 어린 상태라 작은 인형처럼 조그맣게 갸웃거릴 뿐이지만 성장할수록 누에의 고갯짓은 360도 회전한다.

배가 고픈지 토마스와 몽쉘이 몸의 4분의 1쯤 되는 고개를 연신 끄덕였다. 다른 녀석들은 아직도 아가 같은데 두 녀석은 유독 성장이 빨랐다. 며칠 못 볼 생각을 하니 아쉬워서 발길이 떨어지지 않았다. 나는 귀염둥이들을 한참 바라보다가 뽕잎을 잘게 찢어 주었다. 건강히 크고 있어. 다녀올게.

나는 순천을 거쳐 담양에 머무는 중이다. 청청하게 뻗은 대나무와 광활한 습지를 점유 중인 다채로운 수생식물이 끝도 없이 시야에 들어왔다. 계절 탐사의 일환으로 일행 몇이서 남도 식생을 공부하러 온 참이다. 수생식물은 태생부터 무방비하다. 고정된 흙에 비해 유동성이 많은 물에 뿌리를 내려야 하므로 식물에게는 취약한 환경이다. 이러한 약한 고리를 수생식물은 눈부신 단결력으로 극복해낸다. 뿌리부터 가지 끝까지 생존을 위해 지능적으로 역할 분담을 한다. 광합성이 모자라면 물속 뿌리에 열매를 만들거나 알을 품듯 물속 줄기에 씨앗을 품는다. 이름은 나무지만 대나무는 목본이 아니라 다년생 초본이다. 나무, 즉 목본은 부피생장을 하며 나이테가 있지만 초본으로 불리는 풀들은 부피생장을 하지 않는다. 대나무 역시 나이테가 없으며 다음 해를 기약하는 겨울눈을 만들지 않는다. 남도 선비의 기개를 담은 지역 설화를 바탕으로 감상하노라면 크기와 생김새가 전에 없이 압도적으로 다가온다.

내가 묵는 곳은 고택을 개조한 한옥 민박집이었다. 처음 이곳에 왔을 때 산과 밭으로 둘러싸인 풍경에 막혔던 숨이 확 풀리는 것 같았다. 시야에 걸리는 것이라곤 멀게 또 가깝게 이어달리기하듯 끝없이 펼쳐진 산봉우리뿐이었다. 해거름에 도착해 저녁을 해결할 겸 동네 한 바퀴를 돌고 들어왔다. 밤에는 불을 끄자마자 완벽한 정적이 나를 겹겹이 에워쌌다. 낯선 곳에서의 첫날이라 잠이 쉽게 오지 않을 줄 알았는데 어이없을 정도로 곯아떨어지고 말았다. 담벼락마다 들꽃이 피어 있는 골목을 돌면 미용실과 방앗간과 쌀집이 오종종하게 모여 있는 작은 마을. 그 속에 반질반질하게 닦인 작고 사랑스러운 고택에서 나는 깊게 자고 배가 봉긋하게 먹었으며 충만하게 시간을 썼다.

"강아지나 고양이도 아니고, 너도 별나다."

첫날 지인은 누에가 뽕잎을 갉아 먹는 사진을 보내오면서 허탈해했다. 그도 그럴 것이 그녀는 친구의 간곡한 부탁이 누에에게 뽕잎 주기일 것이라고는 짐작도 못했을 것이다.

2부 뽕잎 따는 마음

그녀는 누에를 굶겨 죽일 위기에서 나를 구해준 램프의 요정 지니나 다름없었다.

"뭔데 이렇게까지 애절한 거야?"

"언니를 귀찮게 하진 않을 거야. 얌전한 귀염둥이들이니까 먹이만 주면 돼."

둥지에 이파리만 잘라주면 된다는 내 말에 햄스터 아니면 애완토끼일 것으로 상상했던 지인은 그 대상이 애벌레라는 사실에 처음엔 기함했다. 그러나 이틀, 사흘이 지날수록 지인의 메시지는 확연한 온도차를 보였다. 호기심과 순수한 재미를 느끼는 게 전해졌다. 마지막 날은 '누에가 그사이 조금 자란 것 같네. 너 오면 또 보러 와야겠다'라면서 문자와 사진을 보내왔다. 사진으로는 누에의 성장이 식별되지 않았지만 이파리를 갉는 누에가 그녀에게 생각지도 못한 감격을 안겨준 사실만은 알 수 있었다.

반려동(식)물에 대한 나의 생각은 확고하다. 키우는 사람의 심리적 물리적 능력치 안에서 양쪽 모두 행복할 수 있어야 한다. 남들처럼 나도 강아지와 고양이를 좋아한다. 하지만 그만큼 그들의 존재감이 크게 느껴져 오히려 선뜻 입양에 나서지지가 않는다. 물리적으로 공간을 나눠 쓴다는 것은 용기와 인내가 필요하기 때문이다.

총 면적이라고 해봐야 작은 프린터기 정도 되는 종이상자에서 생사고락 중인 애벌레는 그런 의미에서 얼마나 안정적이고 고마운 존재인가. 반려생물로서 고양이와 강아지가 선사하는 역동적인 기쁨과는 비교되지 않지만 수상하고 낯선만큼 특별한 기쁨을 준다. '미동'이라고 할 만한 작은 움직임을 가졌고 이지러진 앙꼬 같은 얼굴에, 인간과 교감할 만한 지능이나 특이성도 미비하다.

그런데 바로 그런 이유로 자꾸 들여다보게 된다. 한나절 동안 10센티미터나 이동한 것이, 갉아 먹은 뽕잎의 타원형 흔적이, 별사탕 같은 까만 똥이 신기하다. 필요한 만큼만 먹고 에너지를 낭비하지 않는다. 누에 애벌레에게는 탐욕과 경쟁이 없다. 자신의 부피생장에만 집중한다. 아무리 하찮은 존재라도 자기 삶을 살아가는 방식은 이토록 신실하다.

출장 오기 전에 노심초사했던 이유는 따로 있었다. 누에들은 알에서 부화하면서 낙오되는 수가 가장 많다가 차츰 안정적으로 자란다. 그러다 2령에서 3령으로 가는 시기에 세균에 감염되거나 습기로 인해 또 한 번의 위기를 맞는다. 내게 온 지 일주일이 되어가는 시점이 딱 그랬다. 지인에겐 부담이 될까 봐 아침에 한 번 냉기를 식힌 뽕잎을 찢어 주면된다고 별 일 아니라는 투로 얘기했지만 그 안에 생략된 주

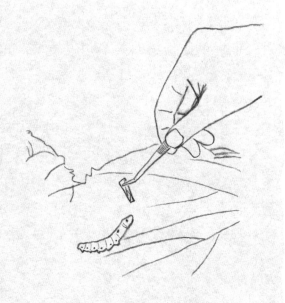

나는 약하게 태어났나 봐. 요새 잘 먹질 못하고 길 때도
몸이 한쪽으로 기울어. 그럴 때마다 나를 받쳐주는
이파리가 있어. 아까도 정신을 잃었는데 이파리가 나타나
힘을 보태주더라. 향긋한 뽕잎 냄새가 퍼지면서 엄청난
허기가 밀려왔지. 허겁지겁 잎 가장자리를 물었어. 아,
살았다!

의사항이 열 개쯤 되었다.

손은 반드시 수돗물로 비누 없이 씻을 것, 핸드크림은 절대 바르지 말 것, 둥지 옆의 붓으로 똥을 모아주면 내가 몹시 기쁘겠지만 괘념치 말 것, 뽕잎을 주고서 그냥 나와도 되지만 시간이 된다면 뒤처지는 애들에게 연한 쪽의 뽕잎을 따로 챙겨줘도 됨, 기세등등하게 잎자루에 올라오는 애들을 발견한대도 탈주극을 꿈꾸는 것이 아니니 내버려둘 것, 그들은 뽕잎만을 사랑하고 뽕잎 밖의 세상은 평생 모르니 염려하지 말 것, 잠깐 지켜봤을 뿐인데 한 시간이 훌쩍 흘러버렸다고 나를 원망하지 말 것, 혹시 누에에게 말을 걸고 싶거나 별명을 붙여주고 싶거들랑 애벌레랑 산다고 나를 놀렸던 일을 사과하길 바람.

외투에서 비어져 나온 실밥 같던 누에는 한잠 자고 나면서부터 제법 애벌레 태가 난다. 머리와 배, 다리가 어디쯤인지 대략 구분할 수 있게 된다. 꼬물거리는 배 아래로 짜리몽땅한 일곱 쌍의 발도 보인다.

내가 가장 좋아하는 발은 꽁무니에 달린 꼬리발이다. 어릴 땐 존재감이 없다가 자랄수록 꼬리발이 부쩍 커지면서 힘도 세진다. 꼬리발은 뼈가 없는 누에 몸체의 무게중심을 잡아주는 기관으로, 몸을 회전할 때나 길게 늘일 때 이 부위의 힘이 필수다. 겉으로 보기엔 도톰한 하나의 꼬리처럼 보이지만 자세히 보면 두 갈래로 조붓하게 갈라져 있다. 이 꼬리발을 바닥에 붙인 다음 가슴발과 배발로 미는 게 누에걸음의 기본동작이다. 다음 포인트에 먼저 가 있는 것도 꼬리발이다. 바닥에 꼬리발을 착 붙여 몸을 수축한 다음 가슴발과 배발로 밀고 나간다. 나는 누에가 꼬리발을 붙였다가 뗄 때의 순한 리듬이 좋다. 도톰한 발이 하늘로 들렸다가 느리고 조심스럽게 내려앉는 동작은 달밤을 걷는 선비의 뒷모습처럼 차분하고 고요하다.

잠분의 탄생

이른 아침 탐사를 다녀와 오후까지 숙소에서 쉬었다. 남쪽
지방인데도 습하지 않은 것은 잘 지어진 고택에서 누리는
호사 중 하나다. 들창을 활짝 열어놓아 뒤란 쪽 창문 사이로
넘나드는 맞바람이 달고 호쾌했다. 다탁에 팔을 괴고 책을
읽는데 창호지 문으로 작은 그림자 하나가 휙 지나갔다. 길
냥이였다가 이 집의 터줏대감이 되었다는 고양이신사다. 반
가워서 마루로 나갔지만 놓치고 말았다.

때마침 어디선가 곡식 볶는 냄새가 풍겨왔다. 골목 끝 방
앗간이 진원지일 것이다. 온갖 기계와 잡동사니가 내부 공
간을 채우고도 모자라 길가까지 밀려나온 위용에 첫날부터
반한 터였다. 나는 구운 보리를 살 요량으로 현금을 챙겨 나
섰다.

까맣게 염색한 파마머리가 오히려 만만치 않은 연세를 짐
작하게 하는 사장님께 차 끓여 마실 보리를 사러 왔다고 했

더니 "으응~ 가만 있어 봐" 하고는 구석구석을 뒤지기 시작했다.

"거기 한번 열어봐요. 없어? 그건 아니야. 미숫가루 만들 거라 더 볶아야 돼."

상자와 포대들을 열었다 닫았다 반복하던 사장님은 끝내 찾기를 포기하고 조금만 기다리면 볶아주신단다. 갓 볶은 보리로 끓여 마시는 행복을 마다할 수 있나. 나는 틈새를 비집고 들어가 빛바랜 플라스틱 의자를 당겨 앉았다. 커다란 원통 기계에 보리를 담고 스위치를 올리자 묵직한 소리와 함께 기계가 데워지면서 보리 볶는 냄새가 피어올랐다. 한쪽에선 사장님과 사장님 또래의 손님이 가래떡을 뽑았다. 기다리는 것 외에 할 일이 없던 나는 개수대에서 손을 씻고는 떡 빼는 기계 앞에 성큼 다가갔다.

"도와드려요?"

"그래주면 좋지."

이곳 인심은 스스럼없이 정다웠다. 낯선 사람이 손을 보태도 어색해하거나 객쩍어하지 않았다. 뽑아진 떡을 판에 가지런히 정리하는 반복적이고 간단한 노동이었는데 칠십이 넘으셨다는 두 분에게는 익숙하긴 해도 힘에 부치는 일이었다. 이 단순노동을 하는 동안 우리 셋은 만난 지 10분 만에 여기 사람 아니지? 겁나 멀리서 왔네잉, 이짝은 우리

집 우수고객이여, 우리 아들 철구가 취직해서 떡 돌릴라고~ 같은 정담을 가래떡처럼 쑥쑥 뽑아냈다. 내친김에 박스 포장까지 도와드리고 났더니 사장님이 알바비로 갓 뽑아낸 떡 세 줄을 싸주셨다. 이걸 바란 것은 아니었는데 별것 아닌 일로 공짜 떡을 얻어먹게 되자 기분이 째졌다.

내가 넙죽 받아들며 좋아하는 모습이 재밌었던지 철구어매가 가래떡 한 줄을 둥그렇게 말아 입에 넣어주셨다. 입안 가득 따뜻하고 야들야들하고 쫀득한 맛. 땅과 하늘과 꾀부리지 않는 농부의 마음이 황금비율로 녹아든 맛. 그 맛을 시골 방앗간에서 새로 사귄 칠십칠 세의 친구들과 정담을 나누며 즐겼다. 처음 만난 사람들끼리도 순한 눈웃음을 주고받으며 즐거운 친구가 될 수 있다.

보리 알맹이들이 볶아지는 동안 두 늙은 친구에게 가래떡에 간 맞추는 법부터 사장님이 어찌해서 방앗간을 일구게 되었는지의 장구한 세월을 들었다. 빛바랜 목욕탕 의자에 쪼그려 앉아 김이 모락모락 나는 가래떡을 손에 쥐고 두 분의 이야기에 넋을 놓았던 그때, 보리를 껴안고 착착 돌아가는 기계 소리보다 더 완벽한 BGM은 없었다.

얘기를 더 듣고 싶었지만 내겐 남은 일이 있었다. 내일 또

오라는 늙은 친구들의 인사를 뒤로한 채 보리차 한 봉지와 떡 세 줄을 들고 고양이신사가 진을 치고 있는 집으로 돌아왔다. 일행은 내일 서울로 돌아갈 예정이었다. 나는 이틀 동안 나만의 휴가를 보내기로 했다. 일행이 돌아가기 전에 탐사 목록에 각자의 관찰 포인트를 적어 식물들의 생리를 복습하는 과정이 남아 있었다. 자유로운 분위기에서 진행되지만 탐사할 때 미처 보지 못했던 부분을 공유하고 인상적이거나 감동적인 순간을 나누면서 시너지를 얻는 과정은 소중했다.

식물은 봄 한 철 꽃과 열매를 준비하고 여름이면 이미 낙하를 꿈꾼다. 가을이 깊어갈수록 나무는 겨울눈을 완성하고 야생화는 땅속으로 몸을 숨긴다. 겨울은 인간의 눈으로는 빈 숲 같지만 나무와 풀이 가장 맹렬하게 재탄생을 도모하는 계절이다. 습지의 수생식물과 대나무에게 6월은 저희들의 세상이다. 우리는 고택의 서까래 아래 모여 천지개벽에도 아랑곳없이 피고 지는 꽃과 나무들을 경탄했다.

공생과 기생, 폭식과 경쟁은 자연의 섭리다. 카리스마 넘치는 검은 날개의 사향제비나비는 쥐방울덩굴과의 등칡을 기주식물로 삼는다. 쥐방울덩굴과는 오랫동안 지구를 지배해온 식물군 중 하나다. 멋들어진 날개를 가진 꼬리명주나비가 이 식물군의 대표주자인 쥐방울덩굴에 기생한다. 생김새나 사는 모양이나 매한가지로 순하기만 한 누에나방의 기주식물은 뽕나무다. 산뽕나무, 닥나무, 꾸지뽕나무, 꾸지나무, 돌뽕나무, 천선과나무 등이 여기 속하는 유서 깊은 집안이다. 누에나방이 좋아하는 뽕나무는 도입식물이고 실제 우리 산에 자생하는 뽕나무는 산뽕나무다. 이 시간, 집에서 자고 있을 나의 귀염둥이를 떠올린다. 녀석들의 삶에 지대한 영향을 주고받는 뽕나무를 조금 더 뒤적이다가 나도 스르르 잠이 들었다.

나는 담양의 대나무밭에 서 있다. 낮 기온이 섭씨 30도에 육박하는데 이곳은 팔에 소름이 돋을 정도로 서늘하다. 대나무는 하늘을 향해 쏘아올린 화살 같기도 하고 창 같기도 하다. 눈을 감고 댓잎이 바람에 흔들리는 소리를 듣다 보면 천국은 멀리 있지 않은 것 같다. 쓸려갔다가 돌아오면서 댓잎이 서로 부딪히는 소리는 대수롭지 않게 시작해 마음을 훅 흔들며 요동치다가 언제 그랬냐는 듯 잔잔하게 잦아든다. 텅 빈 줄기라서 오히려 꽉 찬 울림이 나오는 것일까.

대나무숲에서는 눈을 감아도 좋고 보이는 대로 응시해도 좋다. 그렇게 서서 댓잎과 바람의 중창을 듣다 보면 꽁하게 뭉쳐 있던 용심이 말랑해지면서 막혀 있던 뇌세포들이 열리는 기분이다. 바람이 휘돌아가고 남은 것은 말갛게 드러난 나의 마음이다. 이런 화음이 만들어지기까지 대지와 바람과 어린 대나무들은 어떤 세월을 지나온 것인지 가늠하기조차 어렵다. 땅에 떨어진 댓잎 하나를 주워 무연히 바라본다.

가늘고 질긴 상록성의 대나무 잎을 주워서 손으로 만지작거려본다. 어쩔 수 없는 누에 집사인 나는 차분한 명상의 순간에도 이런 질감이라면 누에들은 못 먹겠다 싶은 생각부터 든다. 누에의 식량인 뽕나무 잎은 육질이 두껍고 표면에 잔털도 많지만 속이 부드러워 누에들이 단단한 이빨로 톡톡 끊어 먹기에 좋다. 대나무 잎은 수분이 없고 잎맥이 질겨 누에의 먹이로는 적합하지 않다.

누에는 앞발로 이파리를 잡고 갉아 먹는다. 갉은 위치와 간격이 자로 잰 듯 정확하고 정교하다. 이파리는 완만한 포물선 형태로 갉아 없어지는데 누에가 자랄수록 포물선의 반경은 커진다. 어느 정도 먹고 나면 자리를 옮겨 이파리의 넓은 면을 앞발로 잡고 다시 갉기 시작한다. 입 크기가 작은 2~3령의 어린누에의 경우 포물선은 한 번 갉을 때마다 0.2밀리미터 정도이며 4~5령으로 다 자랄 때가 되면 0.5밀리미터 이상의 큼직한 홈이 파이면서 이파리가 그야말로 순식간에 초토화된다. 고개를 움직이는 반경도 자랄수록 커진다. 다 자라 5령이 된 누에들의 머리는 360도 회전한다. 나아가 잎을 갉는 데 그치지 않고 잎을 아래에서 위로 뚫고 올라온다. 억센 이빨과 힘 있는 배발의 합작품이다.

그런 누에도 쏟아지는 졸음은 참을 수 없나보다. 누에가 잠에 빠져드는 광경은 풉, 하고 웃음이 터져 나오도록 무구하고 사랑스럽다. 그들은 무아지경으로 뽕잎을 갉다가 한순간에 고개를 톡 떨어트린다. 입에서 이파리가 작은 포물선을 그리며 팔랑 떨어지고 누에의 머리가 이파리를 따라 내려앉으면 숙면 시작이다.

턱부터 꼬리까지 늘씬하게 바닥에 퍼진 누에 모습에 실소가 나오려는 찰나 꽁무니가 좌우로 움직이는 광경도 포착된다. 이윽고 꽁무니가 살짝 들리더니 동그랗고 까만 똥이 퐁하고 빠져나온다. 똥의 크기는 누에가 커갈수록 함께 커진다. 처음엔 티끌 같았다가 모래알갱이만 했던 똥은 점차 깨알에서 쌀알 크기가 된다. 이 똥을 한방에서는 잠분(蠶糞)이라 부른다.

농약 근처에도 가지 않은 유기농 뽕나무에서 자라는 깨끗한 잎만 먹고, 몸에서 천연 단백질만을 만들다가 자연으로 돌아가는 생물이니 그들 몸에서 나오는 똥이 그저 똥이기만 할까. 누에 한살이를 경험하고 알아갈수록 그들의 삶은 무해한 것을 넘어 가치 있게 느껴졌다. 누에나방은 최소한의 기능 외에 어떤 꾸밈도 없이 성충이 되는 완벽한 구조를 갖춘 곤충이다. 이 꼬물거리는 누에가 나방이 되는 과정은 그야말로 효율성, 단순성, 규칙성의 합이었다. 이 무렵 나는 그들의 성장을 관찰하고 응원하는 데에 그치지 않고 점차 동화하고 있는 자신을 발견하기 시작했다.

마음은 뽕밭

아홉 누에들은 3령을 향해 가면서 생존율도 함께 올랐다. 적극적으로 바닥을 기고 뽕잎을 갉고 똥을 쌌다. 기고 갉고 싸는 세 가지는 누에가 하는 일의 전부다. 잠깐씩 쉬어가면서 이 동작을 반복한다. 이 흐름은 굉장히 규칙적이고 바지런하다.

먹는 일에 적극성이 떨어지는 녀석은 눈여겨봐야 한다. 한번 처지면 계속 뒤처지다 낙오하거나 생존한다 해도 체급이 현저히 떨어져 고치 짓는 일에 애를 먹는다. 그럴 때는 뽕잎을 들고 응급처치를 하곤 했다. 덩그마니 외떨어진 녀석을 뽕잎에 태워 무리 속에 들여보내고 코앞에 뽕잎의 연한 부분을 잘라 놓아주었다. 바로 먹성을 회복하는 경우도 있고 막판에 몰아치기로 먹으면서 누에나방으로 우화한 경우도 있었다. 약한 몸으로 기신기신 종령(終齡)이 되면 뽕잎으로도 어쩔 수 없다. 집 지을 터를 찾고 고치 집을 짓는 것은 온전히 누에 혼자서 해내야 한다. 어린누에에의 뽕잎 처방은 내가 할 수 있는 최선이었다. 저희들끼리 살아남을 수 있도록 간섭을 최소화하면서 어떻게든 살리고 싶었다.

나와 누에들 사이의 낯가리기가 끝나고 먹이주기를 통한 애정이 샘솟기 시작할 무렵 유난히 느리고 작은 누에 두 마리를 발견했다. 막냉이와 흰둥이였다. 두 녀석은 먹이를 아무리 잘게 잘라주어도 입질 몇 번 하고는 입을 뗐다. 활동도 소극적이었다. 비록 2령의 어린 유충이지만 먹이활동이 활발한 다른 녀석들에 비해 둘은 턱없이 느렸다. 둥지에서의 입지가 좁아질수록 녀석들의 먹이활동은 더욱 미비해져 갔다. 2령 때 누에들이 가장 많이 죽는다는 말을 들은 터라 나는 덜컥 겁이 났다.

하는 수 없이 잘게 자른 뽕잎을 핀셋으로 집어 녀석들의 입에 물려주었다. 갑자기 다가온 잎에 긴장하던 녀석들은 잠시 후 제법 먹기 시작했다. 절반쯤 먹으면 핀셋에 들린 먹이를 바닥에 내려놓았다. 여기서부터 두 녀석의 양태가 달라졌다. 막냉이는 바닥의 이파리를 조금 더 먹은 다음 고개를 살포시 숙이고 쉬었다. 그래도 무리가 달려들어 다 같이 먹을 때보다는 섭취량이 많았다. 그러나 흰둥이는 바닥의 먹이에는 관심을 보이지 않았다. 서서히 먹이활동의 감을 익혀가는 것 같긴 했어도 불안했다. 다른 녀석들이 한참 식탐을 부리는 동안에도 몸집이 작은 흰둥이는 대열에 끼지 못했다. 핀셋으로 먹이를 주기 시작한 지 며칠이 지나자 누리끼리하던 흰둥이의 몸피에 흰 빛이 돌았다. 일단 죽을 고비는 넘긴 것 같았다.

자라는 속도가 워낙 더딘 것이 마음에 걸렸지만 3령을 넘기고 있으니 낙오될 것 같진 않았다. 누에도 태어나면서 생을 헤쳐나갈 힘을 부여받았을 것이었다. 나는 살고자 하는 모든 생물의 본성을 믿기로 했다. 막냉이와 흰둥이의 발아래를 유독 샅샅이 살폈다. 녀석들은 작으나마 제가 먹은 것을 성실히 소화해냈다. 작은 배발 아래 한두 개씩 떨어져 있는 검고 반질한 똥이 그렇게 반가울 수 없었다.

그때부터 핀셋으로 먹이를 주는 일을 멈췄다. 대신 막냉이와 흰둥이 앞에는 조금 더 잘게 자른 먹이를 놓아주었다. 다행히 예민보스 누에들의 밥투정이 끝난 것 같았다. 막냉이는 앞에 놓인 이파리 조각을 앞발로 잡고 갉아 먹기 시작했다. 막냉이보다 못했지만 흰둥이도 전보다는 적극성을 띠기 시작했다. 아직은 몸집이 작다 보니 먹는 양이 눈에 띄게 늘지는 않았다. 커다란 뽕잎 한 장이 둥지에 들어오면 토마스와 몽쉘을 포함한 일곱 친구들은 이파리에 달려드는 반면 조그만 두 녀석은 느릿하게 움직이다가 동료들에 치이기 일쑤였다. 그러다 동료들이 떨군 조각들을 주워 먹고는 가만

힘을 내고 있으니까 너무 빤히 들여다보지 말아줄래?

나도 오롯이 혼자 쾌변의 즐거움을 느끼고 싶다고!

히 고개를 숙인 채 움직이지 않았다. '적극적으로 잘 좀 살아봐' 혼자서 속말을 하면서 애가 탔다.

그러던 어느 날 아침이었다. 여느 날처럼 일곱 녀석과 두 녀석에게 줄 뽕잎 조각을 구분해 둥지로 갔다. 평소라면 누가 왔는지, 뭐가 들어오는지 관심일랑 없이 고개를 숙이고 있어야 할 막냉이가 내 쪽으로 고개를 드는 것 아닌가. 정확하게 말하면 뽕잎의 냄새를 좇은 것이다. 녀석은 작은 앞발이 달린 고개를 빳빳이 들고 냄새를 맡기 시작했다. 녀석의 반응에 나도 모르게 낮은 탄성이 흘러나왔다.

둥지로 바짝 다가가자 막냉이가 적극적으로 몸을 들면서 더듬이를 먹이에 가까이 댔다. 잘게 잘린 뽕잎이 둥지에 들어가자 녀석은 스스로 잎을 갉았다. 뽕잎 조각이 뭐라고 이때의 감격은 지금도 생생하다. 막냉이와 나의 2인3각 달리기가 마침내 결승선에 다다른 것처럼 기뻤다. 동시에 흰둥이를 살폈다. 아직 반응이 미비했다. 서둘 일이 아니었으므로 먹기 좋게 찢은 뽕잎 조각을 흰둥이 앞에 놓아주었다. 살포시 조각을 들고 갉는 흰둥이의 등 마디가 어제보다 조금 더 하얗게 빛났다.

살면서 어떤 존재에게 마음이 쓰일 때 타자의 입장에 나를 놓아보면 어느 정도 해답이 보이곤 했다. 마음이 전달되지 않아 안타까울 때나 상대의 태도에 마음이 상할 때, 답답해하고 있을 상대를 생각하면서 관계의 새 국면을 맞곤 했다. 막냉이는 어느 정도 기력을 찾은 것 같았지만 흰둥이는 여전히 안심할 수 없는 수준이었다. 뭐가 문제일까 곰곰이 생각했다. 이대로라면 5령까지 생존하기 어려울 수도 있었다. 다시 핀셋으로 얼굴에 뽕잎을 가져다주니 전보다 많은 양을 먹었다. 하지만 바닥에 내려놓으면 아무리 잘게 썬 잎이어도 몇 번 갉다가 쓰러져 거의 움직이지 않았다. 친구들과 체급이 벌어져 반복적으로 치이고 밀리는 과정에서 주눅 든 것일지도 몰랐다.

궁리 끝에 녀석보다는 크지만 발달이 다소 느린 동백이, 해보와 막냉이까지 함께 지낼 공간을 따로 만들었다. 집 안에서 가장 쾌적한 곳에 상자를 두고 먹이도 신선하고 어린 잎만 골라주었다. 이렇게라도 해보자는 막막한 마음이었고 큰 기대는 없었다. 그런데 놀라운 일이 일어났다. 환경을 바꿔주자 흰둥이가 먹이 반응을 하기 시작했다. 흰둥이는 저처럼 둔하고 느린 친구들의 이파리 갉는 소리를 들으며 함께 먹었고 작은 배를 밀며 스스로 움직였다. 해보와 동백이는 금세 친구들의 체급을 따라잡았고 막냉이도 전보다 훨씬 잘 먹었다.

나는 이 작은 공간을 '인큐베이터'라고 불렀다. 인간이나 미물이나 낯설고 무서운 상황에서 적응해 살아남기란 쉽지 않다. 차츰 적응력을 키워 담대하게 세상에 나갈 수 있도록 이끌어준다면 좋을 것이다. 길라잡이는 친구, 동료, 가족 누구라도 될 수 있다. 애벌레를 관찰하면서 크고 작은 감격의 순간이 있었는데 막냉이와 흰둥이의 더딘 성장과 극적인 회복에는 애틋하면 애틋한 대로 기특하면 기특한 대로 두 주먹을 불끈 쥐는 순간이 많았다.

때는 바야흐로 누에의 시간으로 3령, 누에 집사의 시간으로 일주일째다. 비로소 안정기에 접어들었다는 뜻이고, 생을 향해 전투적으로 나아갈 시점이라는 얘기다. 지인 통신에 따르면 내가 집을 비운 사이 둥지는 검은 잠분과 갉다 남은 자투리 이파리들로 어지럽다고 한다. 차마 누에들이 다칠까 봐 둥지에는 손도 못 댔다는데 그 마음 씀씀이 마저 고마웠다. 나중에 지인은 "애벌레들에게 뽕잎을 주는 것도 재미있었지만 아무것도 아닌 것들이 저렇게 열심히 먹고, 내일이면 먹은 만큼 자라 있는 데에 뭐랄까 감동을 좀 받았지"라고 말했다. 다행이다. 지인이 애벌레를 하나의 존재로 인정해주니 나로선 응원을 받은 기분이다. 꼭 애벌레가 아니어도 좋다. 작고 하찮은 존재에게서 받는 감동은 일상적이지 않아서 더 전율이 크다. 누에 집사의 소명을 방기한 며

누구니, 내 얼굴에 똥 누고 도망간 녀석이? 이 둥지의
미모 담당인 내 얼굴에 똥이 굴러떨어지다니, 체면이 영
말이 아니야. 바닥의 똥 때문에 지나다니기도 영
불편한데, 집사 언니는 어디로 간 거야? 며칠째 코빼기도
안 보이네. 어서 와서 똥 좀 치워주면 좋겠는데.

칠 동안 나의 누에들이 몹시 그리웠다. 내일이면 누에가 있
는 나의 집으로 돌아간다.

해가 지기 무섭게 어둠이 내려앉는 농가의 밤풍경은 오늘이
마지막이다. 마침 장날이란다. 동네 시장골목에서 저녁을
먹기로 하고 산책 겸 나섰다. 초입의 백반집에 들어서니 여
주인이 손님이 일찍 끊겨 문을 닫으려던 참이라면서 반겨준
다. 파래무침, 간장게장, 참나물, 계란찜, 감자조림, 총각무
김치까지 기본 반찬이 테이블에 깔렸다. 모든 음식의 간이
적당했고 재료가 신선했다. 선량한 주인장과 이런저런 얘기
를 나누면서 밥을 먹는데 손님이 하나둘 들어오기 시작했
다. 주인은 내가 손님을 몰고 왔다면서 기뻐했다. 맛있는 밥
을 푸짐하게 먹은 것도 좋았지만 주인의 환한 낯빛을 보니
내 마음도 환해졌다.

　숙소까지 걸어오는 길은 공기가 달았다. 빵집, 국밥집, 미
용실, 커피숍, 약국을 지나치자 시장골목은 끝이 났고 길가
에는 가로등이 순한 총각들처럼 끔벅끔벅 서 있었다. 문화
체험이며 슬로시티를 표방한 마을답게 반듯하게 정돈된 집
집마다 꽃이 수북하게 핀 관목들이 낮은 울타리를 넘었다.
그러다 갑자기 신작로를 울리는 뜀박질 소리가 들려왔다.

돌아보니 어떤 아주머니가 작은 가방을 들고 허겁지겁 달려온다. 엄청 다급한 기색이다.

"으짜까잉. 언제 올란가도 모른디. 오매, 벌써 가붓네!"

앞치마를 두르고 일바지에 고무 슬리퍼 차림이다. 추측컨대 아주머니의 식당에서 한잔 걸친 손님이 가방을 두고 갔나보다. 장날 들른 손님이 평시에 무시로 들를 리는 만무하다. 주인 찾아주려고 뛰쳐나왔더니 간발의 차로 그 손님은 벌써 사라지고 없는 것이다. 연세 지긋한 분이라면 유실물을 찾으러 부러 나오기도 여의치 않을 수 있다. 이런저런 상상을 하다 보니 숨이 턱에 차도록 뛰어가는 식당 여인도, 가방 잃어버린 줄도 모르고 집에 가고 있을 손님도 걱정됐다. 가방이 오늘 안으로 제 주인을 만났으면 좋겠다.

큰길에서 파출소를 꺾어 마을회관을 지나면 경운기가 겨우 드나드는 작은 골목이 나온다. 그 흔한 TV 소리 하나 들리지 않는 골목을 발자국 소리를 줄이면서 걷는다. 하늘에 촘촘히 박힌 별들을 보니 괜시리 가슴이 뛰었다. 골목 산책이 외롭지 않았다. 저 앞에 미등 하나 밝혀진 반질반질 작고 아름다운 고택이 보인다. 잘 구운 치즈색 고양이는 툇마루 아래에서 보초를 서고 있으려나. 자귀나무 분홍꽃이 발그레한 얼굴로 졸고 있는 밤.

두근두근 스킨십

동백이, 막냉이, 해보, 흰둥이 4총사가 인큐베이터 생활을 마치고 둥지로 복귀했다. 한쪽에서 쉬고 있던 회오리가 오랜만에 귀향한 친구들의 냄새를 맡았는지 고개를 연신 갸웃거렸다. 몽쉘은 누가 오는지 마는지 안중에도 없는 것 같았고 토마스와 술래는 신선한 뽕잎을 찾아 둥지 벽 쪽으로 기어가는 중이었다. 뽕잎 위에 배를 깔고 있던 소피는 살짝 고개를 들었다가 내려놓았다.

금의환향까진 아니지만 건강과 증량이라는 두 마리 토끼를 잡은 4총사는 그새 부쩍 자란 다섯 친구들 사이에서도 더 이상 작아 보이지 않았다. 다시 전과 같은 생활로 돌아갈 수 있도록 맛있는 새 뽕잎을 넣어주었다. 아홉 마리 누에들이 배다리를 꼼지락거리며 먹이를 향해 나아갔다. 녀석들의 몸집이 커져가고 있었고 오랜만에 아홉 누에의 합가를 기념할 겸 나는 이사를 해주리라 마음먹었다.

며칠 전 전자제품 매장에서 물건을 사면서 얻어온 튼튼한 종이상자를 꺼냈다. 깊이가 깊어 나중에 벽에 기어오르는 것을 좋아하는 나방의 습성과 잘 맞을 것 같았다. 뚜껑을 잘라내 하룻밤 베란다에 두면서 새 종이상자 특유의 냄새를 날렸다. 다음 날 밤 상자에 종이타월을 깔고 편평하게 바닥을 골랐다.

묵은 둥지에서 새 둥지로 아홉 누에를 이사시킬 차례였다. 누에의 자극을 최소화하는 것이 관건이었다. 그러려면 누에들이 먹이를 먹고 있는 상태로 이사를 마치는 것이 좋을 것 같았다. 필요한 것은 주저하지 않는 결정력과 빠르고 숙련된 손놀림이었다. 그동안 수차례 똥을 치우면서 갈고닦은 실력을 제대로 발휘할 기회였다. 우선 뽕잎 한 장을 둥지에 넣어준 다음 양손에 각각 뽕잎을 들고 만반의 준비를 마쳤다. 방법은 간단하다. 누에 아홉 마리가 모두 뽕잎에 매달려 정신없이 갉을 때까지 기다렸다가 그 뽕잎을 커다란 새 뽕잎 위에 슬며시 포갠다. 3령을 지난 누에들의 이빨은 제법 튼튼해져서 어지간해선 한 번 문 먹이를 놓지 않는다. 먹이를 입에 문 채로 뽕잎에 태워진 누에들을 새 둥지에 조심히 놓아주면 끝이다.

그런데 이동하는 도중 세 마리가 묵은 둥지에 떨어지고 말았다. 술래와 흰둥이와 몽쉘이었다. 세 친구는 몸을 동그랗게 웅크렸다가 펴고는 연신 고개를 주억였다. 무척 놀란 것 같았다. 높은 곳에서 떨어지는 건 처음 있는 일이었으니 상황 파악을 하느라 고개를 치켜들고 격렬하게 더듬이를 발동했다. 가장 먼저 떨어진 술래는 한결같은 은둔형이다. 똥을 치울 때나 먹이를 줄 때에도 뽕잎 아래나 잎자루 끝 쪽에 외따로 있다가 식사 시간의 소요가 가라앉은 다음 느릿하게 나타났다. 먹다 남은 잔반이지만 아직은 신선한 뽕잎을 술래는 충분히 먹었다. 나의 작명 센스가 빛을 발한 몽쉘은 커갈수록 미쉐린타이어 광고 모델을 방불케 했다. 발군의 먹성 때문에 이번에도 허겁지겁 먹다가 잎 자락을 놓치고 말았다.

흰둥이는 옮기기 전부터 가장 큰 불안 요소였다. 인큐베이터에서 체력을 회복하긴 했지만 다른 친구들에 비해 여전히 성장이 느렸다. 아까 둥지를 옮길 때에도 나는 흰둥이부터 눈여겨보았다. 분명 흰둥이가 먹이를 문 것을 확인했건만 욕심 많은 몽쉘이 흰둥이 옆을 파고들면서 둘 다 균형을 놓친 것이다. 다시 새로운 먹이를 묵은 둥지에 놓아주었다. 몇 분이 흘렀을까. 모든 녀석들의 잎 갉기 삼매경까지 기다렸다가 재빠르게 옮기면서 이사는 끝이 났다.

옮겨간 둥지는 하얀 모래가 끝없이 펼쳐진 작은 행성 같았다. 아홉 마리 누에들은 행성 밖의 빛과 소음에는 아랑곳없이 초록색 잎을 나눠 먹고 고개를 흔들면서 안부를 묻는 이곳의 유일한 생명체였다. 이 세계의 평화는 행성 밖으로부터 수시로 공급되는 초록 잎으로 유지됐다. 주로 먹거나 자면서 누에들은 틈틈이 평화의 증거로서 검은 똥을 내놨다.

둥지가 커지면서 녀석들이 노는 모습을 바라보는 재미도 커졌다. 둥지 앞에 무릎을 모으고 앉아 있는 시간이 길어졌다. 물끄러미 보다가 무릎을 감싼 채 졸기도 하고 아예 방바닥에 드러누워 낮잠이 들기도 했다. 초강력 감기약을 먹어도 낮잠 잘 줄 모르던 나였었다. 초록 잎을 먹고 검은 똥을 누는 생명체가 살고 있는 작은 행성은 날선 신경으로 마음이 불안정하게 일렁일 때나 바깥일에 체력이 방전돼 소파에 고꾸라질 때나 우울의 바다에 몸이 까무룩 가라앉을 때에도 짐짓 무심하고 고요하게 나를 달래주었다.

이날은 처음부터 누에를 만질 생각을 한 것은 아니었다. 평소 누에를 만지고 싶다는 나의 욕망은 초록 잎을 방어막 삼아 누에들과의 적절한 거리를 유지하고 있었다. 이파리를 앞발로 모아 산해진미라도 되는 듯 맛있게 갉는 모습을 보는 것은 나의 집안일 중 가장 중요하고 기쁜 일이 되었다. 누에는 몸이 커갈수록 생활반응이 또렷했다. 먹을 때와 쉴 때, 먹다가 졸 때, 낯선 냄새를 맡았을 때 등등 통통하고 하얀 몸으로 각양각색의 반응을 보였다.

먹이활동은 점점 지능적이 되어갔다. 이빨이 작을 때는 연한 부분부터 먹었지만 3령을 꽉 채운 시점부터는 먹이 위에 올라가 후각과 촉각을 모두 이용할 줄 알았다. 녀석들은 가느다란 잎맥을 찾아 이빨로 여러 차례 공략한 뒤 그 속의 즙을 빨아먹었다. 먹고 나면 튼튼한 잎자루에 올라가 늘어지게 잠을 잤다. 특히 토마스가 잎자루에 올라가는 것을 무척 좋아했다. 뽕잎은 잎이 두꺼운 만큼 잎자루도 길고 단단해서 놀이터로 안성맞춤이었다.

하지만 내려올 때가 문제였다. 베짱이처럼 늘어지게 쉬던 토마스는 올라간 지 한 시간쯤 지나자 먹이 냄새가 풍기는 쪽으로 고개를 슬쩍 들었다. 이제 내려올 생각인 것 같았다. 그런데 어떻게? 나는 궁금했다. 녀석은 후퇴해도 모자랄 판에 잎자루 끝까지 몸을 반 이상 밀고 올라갔다. 그러더니 허공에 몸이 반쯤 나와 있는 상태에서 일말의 주저함이 없이 상체를 180도 접어 앞발로 잎자루를 잡고 아래쪽으로 내려오는 게 아닌가. 멋들어진 유턴이었다. 단 몇 초간 이어진 토마스의 행보는 아름답고 거침없었다. 그 어떤 체조선수보다 유연하고 극적인 토마스의 묘기에 금세 빠져들고 말았다. 아까부터 머릿속에서 떠나질 않던 욕망이 용수철처럼 튀어 올랐다. '이 아름다운 누에를 만져보고 싶다!'

집사 언니는 들쭉날쭉하지만 나쁜 사람은 아닌 것 같아.
며칠째 그림자도 안 보였다가 어떤 날은 우리 둥지에 딱
들러붙어서 코를 골며 낮잠도 자. 그러다가 단 한 번도
코를 골지 않은 것처럼 시치미를 뚝 떼면서 일어나는데,
우스워 죽겠어. 오늘은 특히 수상해. 눈을 부라리며
우리를 노려보고 있단 말이야. 무슨 일이지?

한번만 만져 봐도 될까? 누에에게 귀가 없다는 걸 알면서
도 나는 입 밖으로 소리를 내 허락을 구했다. 애벌레의 세계
가 침묵으로 닫혀 있는 것은 참으로 지적인 진화다. 내장기
관 외에 갖고 있는 외부기관이라곤 작고 뭉툭한 발들과 입,
꼬리 위에서 몸의 균형을 유지하기 위해 콕 박혀 있는 작은
뿔뿐이다. 여기에 귀가 달린다면 감각에 일대 혼란이 생겨
생존의 효율성을 떨어트릴 것이다. 지척에서 새가 푸드덕
하고 날개라도 접는다면 그 소리에 놀라기도 전에 새 부리
에 찍히고 말 테다. 뱀이 다가오는 소리를 감지한다 쳐도 줄
행랑칠 만큼 다리가 튼실하나 튀어오를 날개가 있나. 소리
를 들어봐야 줄행랑칠 도구가 없으니 효율만 떨어질 뿐이
다. 맥없이 에너지를 낭비하느니 만들어낼 수 있는 열량을
최대치로 끌어올려 털에 독을 생산하거나 이빨을 강화하는
게 현명하다. 하여, 귀가 없는 나의 누에들은 들어도 못 들
은 척 나의 가당찮은 애원에 침묵으로 일관 중이다.

침묵이 허락의 메시지라도 되는 양 나는 손을 뻗어 조심
스럽게 다가갔다. 몽쉘과 회오리와 소피가 가까이 있었다.
녀석들은 뽕잎 아니고는 세상 무엇에도 관심이 없는지 내
손가락이 바로 앞까지 갔는데도 반응을 보이지 않았다. 혹
여 주인의 경박함이 누에를 놀라게 할까 봐 온몸에 힘이 잔
뜩 들어갔다. 곤충의 몸은 인간보다 체온이 낮기 때문에 손

가락 안쪽보다 바깥쪽으로 접촉하는 게 좋을 것 같았다.

잠시 후 내 검지의 등이 조심스럽게 회오리의 머리 윗부분에 닿았다. 화들짝 놀란 것은 회오리보다 오히려 내 쪽이었다. 지금도 잊을 수 없는 누에와의 첫 스킨십은 짜릿할 정도로 서늘하고 부드러웠다. 마치 새벽 계곡에서 건져 올린 차돌 같았다. 나도 모르게 누에에 닿은 손가락을 얼굴에 대봤을 정도다. 내 심장은 조그맣게 두근대는데 뜻밖의 습격을 받은 회오리는 동요는커녕 의연해 보였다.

나는 다시 한번 용기를 냈다. 이번에는 몽쉘의 등을 천천히 쓸어내렸다. 손가락 힘을 빼느라 어깨에 힘이 잔뜩 들어갔다. 신기하게도 이번에는 몽쉘이 반응을 보였다. 제 몸피의 결이 이토록 아름답다는 것을 알 리 없는 몽쉘이 몸을 웅크리며 고개를 살짝 틀었다. 마치 '거기 누구?' 하고 묻는 것 같았다.

느닷없는 무례에 대한 몽쉘의 대처는 우아했다. 몸을 살짝 내렸다가 충격이 가신 뒤에 고개를 들어 공기의 변화를 추적했다. 공격태세라고는 찾아볼 수 없는 순응이었다. 몸을 꼿꼿이 한 채 피하지 않았다. 몸을 말거나 색을 바꾸는 위장술도 없었다. 누에에게 반하는 순간들이 자꾸 생겨났다. 이날 이후 나는 세상에서 가장 아름답고 결이 고운 몸피의 생물체로 누에를 꼽는다.

누에 성장일기

오랜 짝사랑 끝에 상대로부터 오케이 한번 사귀어보자, 라는 말을 들은 것처럼 가슴이 콩닥거렸다. 나는 고작 회오리의 이마를 만지고 몽쉘의 등을 쓸어봤을 뿐이었다. 그것만으로 마치 누에들이 나를 반려인으로 받아들인 것 같은 착각에 사로잡혀 기분이 두둥실 구름 위로 날아올랐다.

떨리는 스킨십 이후로 나는 조금 더 과감해졌다. 손가락을 가만히 소피 옆에 가져가거나 토마스의 얼굴에 바짝 흔들어보기도 했다. 녀석들은 무반응으로 일관했지만 나는 녀석들과 함께 있는 게 마냥 즐거웠다.

누에의 몸마디에는 아홉 쌍의 숨구멍이 있는데 이곳이 호흡은 물론 몸의 온도를 조절하는 역할을 한다. 변온동물인 누에는 습도와는 상극이지만 온도에는 그나마 무딘 편이다. 36.5도의 뜨거운 피가 흐르는 생명체가 숨구멍 옆에서 까불거리는 정도는 다행히 누에에게 절대적인 위험 요소는 아니었다.

그러던 어느 날, 외출했다 돌아온 나는 깜짝 놀랐다. 둥지에 누에의 몸피로 보이는 누런 형체가 널브러져 있는 게 아닌가. 습기에 취약해 탈이 났다면 물기나 얼룩이 있을 텐데 보이지 않았다. 조금 떨어진 곳에 비슷한 것이 두 개나 더 있었다. 이 괴상한 것은 뭘까. 당혹감이 뇌리를 짓누를 무렵 마른 뽕잎을 부스럭거리면서 해보가 고개를 내밀었다. 몸에 잔뜩 힘을 주느라 녀석의 머리가 미세하게 떨리고 있었다. 뽕잎을 들춰보니 몸의 반은 하얗고 반은 누랬다.

그것은 허물 벗는 누에였다. 몸을 틀 때마다 부푼 몸마디가 하나씩 빠져나왔다. 누에의 탈피를 직접 보기는 처음이었다. 허물에서 빠져나올수록 숨구멍과 다리 등의 기관이 크고 섬세해진 것을 알 수 있었다. 조금 전까지는 피부였으나 이제는 벗어버려야 하는 허물이 해보의 몸을 반 이상 붙들고 있었다. 해보는 얼굴에 잔뜩 주름을 만들며 안간힘을 쏟아냈다. 그럴 때마다 녀석의 몸이 좌우 180도로 크게 비틀렸다. 상상 속 음성지원을 통해 녀석의 단말마가 들리는 것 같았다. 웃상이던 해보의 얼굴은 이루 말할 수 없는 울상으로 일그러져 있었다. 녀석의 배가 천천히 부풀어 오르면서 첫째 배다리가 빠져나왔다. 이윽고 포동포동한 둘째, 셋째, 넷째 다리가 연달아 모습을 드러냈다. 앞다리를 쳐들고 배다리를 단단히 땅에 붙인 다음 꼬리를 움직였다. 아무리 힘을 줘도 꼬리에서 허물이 떨어지지 않자 누에는 거죽 같은 그것을 바닥에 끌며 기었다.

몇 걸음을 걸었을까. 해보를 놔주지 않던 허물이 미끄러지듯 떨어져 나왔다. 지금도 잊을 수 없는 찰나는 몸을 틀고 허물을 벗을 때 해보의 표정이다. 물컹한 몸에 눈 모양을 한 검은 줄 두 개, 아래쪽에 기이하게 벌어지는 입이 전부이던 해보가 허물을 벗을 때만큼은 고통과 희열의 적나라한 표정을 만들었다. 누에가 탈피할 때 머리부터 발끝까지 제 몸을 감싸고 있던 피부를 찢어 탈피하는 광경은 경이롭다. 이때 지어진 주름은 치열한 생의 기록이자 훈장이다. 이 쪼글쪼글한 주름훈장은 종령인 5령이 될 때까지 지워지지 않는다. 허물벗기를 끝낸 해보는 한눈에도 탈진 상태였다. 녀석은 커진 몸을 감당하려는 듯 그 자리에 스러져 잠이 들었다. 생의 한 걸음을 또 한번 내딛은 나의 누에들이 자랑스러웠다. 그들의 쉼을 방해하지 않기 위해 집게로 곳곳에 떨어진 허물을 조심스레 꺼내주었다.

며칠씩 긴 비가 이어지던 날이었다. 유독 지난 6월의 한반도는 비에 젖어 있었다. 나는 습기를 피해 가끔씩 누에의 둥

기고 갉고 싸는 게 전부인 줄 알지만 내 한살이는 나를
둘러싼 세계를 찢고 나를 억압하는 것들을 탈피하는 일의
연속이야. 앞으로 두 번의 탈피가 남았어. 고치를 찢고
나방으로 우화하기까지 이건 시작에 불과하다는 뜻이야.

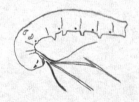

지를 작은 방에서 거실로 옮겨놓았다.

그날도 둥지에 보송보송한 키친타월을 깐 뒤 뽕잎을 넣어주고는 창밖으로 내리는 비를 하염없이 바라보고 있었다. 마음이 불안하고 서글펐다. 조금 전 나는 아끼는 사람이 크게 다쳤다는 전화를 받은 터였다. 간다고 만날 수도, 만난다고 말을 전할 수도 없었다. 기다리는 일 외에 할 수 있는 것이 아무것도 없었다. 누에를 살피는 동안에는 그나마 마음을 진정시킬 수 있었지만 놀란 마음은 쉽게 가라앉지 않았다. 거실을 한참 서성이다가 소파에 앉아 창밖에 시선을 두었던 그때 어떤 소리가 들려왔다. 멀찍이서 들려오는 발자국 같기도 했고 바로 옆에서 속삭이는 귀엣말 같기도 했다. 그러나 집에는 나뿐이었다. 소리는 작고 규칙적이었고 일정한 리듬마저 있었다.

나는 소리를 좇아 일어났다. 그것은 누에들이 일제히 뽕잎을 갉는 소리였다. 냉장고나 청소기 돌아가는 소리가 아닌, 살아 있는 생명체가 내는 소리였다. 누에가 작아 갉는 소리도 작았을 이전에는 내 귀에 닿지 않던 소리였다. 그 소리는 외로움에 휩싸여 있던 나에게 안온함을 주었고 나의 불안한 심장박동을 꿰뚫기라도 한 듯 힘에 넘쳤다. 둥지를 들여다보던 나는 다시 한번 낮은 탄성을 질렀다. 토마스보다도 몽쉘보다도 빠른 속도로 막냉이가 잎을 갉고 있었다.

그동안 더디게 먹은 게 억울하다는 듯 녀석의 먹이활동은 저돌적이었다. 노심초사하는 내 마음을 환기시키느라 이렇게 갉고 있었던 걸까. 나는 둥지 앞에 무릎을 감싸고 앉아 막냉이가 먹는 모습을 바라보았다. 밖에는 여전히 긴 비가 내리고 있고 기다리는 전화는 아직 오지 않지만 이 순간 내 마음은 아까와 달랐다. 생을 향해 나아가는 작고 진실한 요동 덕분에 마음에 내리던 우울한 비를 그을 수 있었다. 난생처음 미물에게 위로받은 밤이었다.

인큐베이터 4총사 가운데 동백이와 흰둥이도 여린 부분만 받아먹던 소심한 편식쟁이에서 점차 두터운 잎맥도 갉을 줄 아는 어엿한 누에가 되어갔다. 반대쪽에서 다른 녀석이 세게 잡아당기면 동백이도 놓치지 않으려고 앞발로 잎을 꼭 붙잡았다. 흰둥이는 탈피를 거치면서 4령을 지날 무렵에는 몸피가 다른 누에들과 비슷해졌다. 이제 마음을 놓아도 되는데 내 시선은 녀석의 꽁무니를 졸졸 따라다녔다. 염려가 안심으로 바뀌면서 새록새록 정이 들어버린 까닭이다.

4총사가 건강을 회복하고 보통의 누에처럼 자라는 모습은 나의 새로운 기쁨이 되었다. 일이 풀리지 않을 때면 토실한 몸을 리드미컬하게 움직이면서 부지런히 걷는 누에들의 몸짓에 위안을 얻었다. 둥지 앞에 쪼그려 앉아 아홉 친구들과 교감하노라면 못나고 상처받은 마음이 부드럽게 풀리곤 했다. 건강을 회복한 뒤 막냉이는 외톨이였던 과거를 떨치고 재기발랄한 막내의 면모를 드러냈다. 토마스, 몽쉘, 동백이와 한데 어울려 먹이경쟁을 했고 토마스와 잎자루에 올라가 사이좋게 위아래를 점령했다. 흰둥이는 술래, 회오리와 비슷한 성향을 보였다. 무리와 엉겨 있기보다 떨어져 혼자 지내는 것을 좋아했다. 하나하나의 특성에 따라 이름을 부르다 보면 바라보는 것만으로도 그들에게 안부와 위로를 나누는 기분이었다.

친구들과 속도경쟁을 하지 않고 자기만의 규칙대로 살아가는 흰둥이는 또 다른 감동을 주었다. 이따금 나는 흰둥이의 몸을 손가락 등으로 쓸어내리며 말을 걸었다. 흰둥이는 고개를 주억이면서 나를 돌아보았다. 미비한 시력으로 고개를 돌린다고 앞이 보이기나 할까. 냄새가 나는 쪽으로 반응하는 것뿐일 텐데도 나는 마치 나를 알아보기라도 하는 것처럼 흐뭇했다. 해보와 토마스는 내가 몸을 만지면 한 번 돌아보고는 먹거나 쉬거나 무심하게 제 할 일을 하곤 했다. 흰둥이는 내가 손을 거둔 뒤에도 내 냄새가 나는 방향으로 고개를 돌리거나 뒤를 돌아보았다. 나 찾아? 하듯이. 다시 몸을 쓸어주면 신통하게도 내가 있는 쪽으로 고개를 돌렸다.

당신을 기억하느냐고? 물론 기억하고말고. 앞으로도
기억할 거야. 아무리 귀찮다고 말해도 떨어질 줄 모르는
데다 시도 때도 없이 나를 애틋하게 불러주는 고마운
존재는 이 세상에 그쪽뿐이거든.

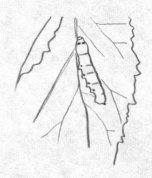

우연이겠거니 하면서도 뿌듯한 것이 사랑에 빠진 누에 집사의 마음이다. 잘 움직이지도 못하던 아기 애벌레가 무럭무럭 크고 있었다. 흰둥이가 먹고 싸는 생활반응을 하면서 아무렇지 않게 자라주는 것이 이토록 감사할 줄이야.

'돌밥'하는 녀석들

형편이 닿지 않을 땐 아무거나 먹어야 하지만 누에가 가장 좋아하는 최상급의 조건은 따로 있다. 뽕잎 얘기다. 마냥 어린잎보다 적당히 육질이 있으면서 전체에서 70퍼센트 정도 자란 신선한 잎이다. 햇빛을 충분히 받아 윗면이 반질반질한 상태여야 한다. 뽕나무의 생장은 봄누에와 가을누에의 생환(생애 주기)과 궤를 같이한다. 뽕나무 잎눈이 새순을 틔워 갓난아이 손 뼘만 해질 때 애벌레도 알에서 깨어난다. 1령이다. 이때는 많이 먹지 못할뿐더러 잎을 잘라서 줘야 할 장도로 먹는 힘도 약하다. 누에가 2령을 지날 즈음 뽕나무도 광합성을 활발히 하면서 잎을 틔우는데 이때부터 누에의 먹방 행진이 이어진다. 어린잎이 연둣빛에서 점점 진한 초록빛이 되고 선명한 잎맥을 내며 부피생장을 할 때 애벌레도 5령까지 몸을 키운다.

삼복이 지나기 전에 뽕나뭇과 나무들은 광합성을 멈추고

열매 맺기에 매진한다. 이즈음 애벌레도 고치틀기를 시작한다. 뻣뻣해진 뽕잎은 새들과 곤충들로부터 고치를 안전하고 튼튼하게 지켜준다. 까맣게 익은 오디 열매가 제 무게를 이기지 못하고 땅에 떨어질 즈음 누에도 고치를 뚫고 하나둘씩 나방으로 우화한다. 무르익어 열리는 또 하나의 세계라니, 절묘한 자연의 순환 고리다.

애벌레 시기의 성장가도를 달릴 적엔 뽕잎을 한 번에 많이 주기보다 때를 정해두고 주어야 안정적으로 지낸다. 신선한 뽕잎을 내려놓기 무섭게 갉기 시작하는데 3령에서 4령으로 넘어갈 무렵엔 먹는 속도가 더욱 빨라진다. 뽕잎 먹는 양이 많아지자 신선한 뽕잎의 수급이 중요해졌다. 먹이를 주고 돌아서면 절반은 사라지고 없었다. 그 모습을 보니 아이들이 한창 클 때는 돌아서면 밥 차릴 때가 찾아와 '돌밥 일상'이라던 여느 주부들의 우스개가 떠올랐다. 말 그대로 돌밥하는 누에들이었다.

좋은 먹이를 제대로 주고 싶었다. 온라인 주문은 신선도가 떨어질 뿐 아니라 잎의 상태도 처참했다. 사람들이 수시로 오가는 산책로에서 뽕잎 서리를 하는 것도 쉽지 않았다. 수소문해 집 인근에 유기농 뽕나무로 오디체험농장과 식당을

운영하는 곳을 찾아냈다. 남향으로 난 뽕나무밭 옆으로 개울이 흘렀다. 굵은 줄기마다 윤기가 좔좔 흐르는 초록 이파리들이 빽빽했다. 초로의 안주인은 마음껏 따가라며 농장 출입문을 열어주었다.

입 짧은 내 누에들이 고개를 주억이며 먹어치울 것을 상상하니 절로 신이 났다. 조금만 따와야겠다고 마음먹었지만 산자락의 너른 햇살과 차고 맑은 개울물을 양분 삼은 뽕나무를 보자 욕심이 났다. 뽕잎 따기에 신명이 난 나를 보고 안주인이 물었다.

"누에가 왜 좋아요? 난 좀 그렇던데…."

"저는 너무 사랑스럽거든요."

"…!"

아쉽게도 우리의 대화는 더 이상 이어지지 않았다. 누에가 누구에게나 호감형일 순 없는 노릇이다. 주변에도 누에의 사랑스러움을 공감하지 못하는 지인이 더 많았다. 그날도 공감받지 못하는 외로움 속에서 조용히 뽕잎을 추려 농장을 나섰다. 집에 와 둥지에 뽕잎을 넣어준 뒤 특A급들을 스테인리스 통에 꾹꾹 눌러 담고 그보다 못한 것들은 지퍼백에 보관했다.

신선하고 육질이 좋은 뽕잎은 마른 뒤에도 잘 찢어지지 않아 궁리만 잘하면 요긴하게 쓸 수 있다. 봄가을에 화분 옆에 두고 꽃잎이 질 때마다 뽕잎에 올려두면 뽕잎에 난 잔털 덕분에 꽃잎이 바람에 날아가지 않고 잘 마른다. 마른 꽃잎은 갈아 향기를 내거나 차를 만들어 마신다. 양파, 호박, 가지 등 요리할 때 나오는 채소 꽁지들을 뽕잎 위에 올려두면 냄새 없이 금세 습기가 빠진다. 큼직하게 잘린 것들은 모았다가 채수를 내고 상처가 나 도려낸 것들은 음식물 쓰레기 버릴 때 뽕잎과 함께 버린다. 오래 두어도 잎 가장자리만 오므릴 뿐 바닥면이 바스러지질 않아 훌륭한 천연 받침대가 된다.

대개 약성이 있는 나무들은 잎이나 줄기에 특유의 향기를 간직하고 있는데 뽕나무의 잎에서도 미세하지만 특유의 냄새가 난다. 누에들에게는 맛있는 향기일 테고 후각이 예민한 사람이라면 누릿한 냄새일 것이다. 냄새는 신선도가 떨어지면서 함께 휘발돼 나뭇잎의 형질만 남는다. 마른 뽕잎의 질감은 양피지처럼 바스락거리면서도 탄력이 있다. 꽃이건 채소건 닿는 것들의 수분을 날려주기 때문에 즐겨 쓰는 살림 아이템이다. 습기에 상극인 누에들이 뽕잎만을 먹는 것만 봐도 둘의 궁합이 얼마나 찰떡인지 짐작할 수 있다. 효용보다 놀라운 건 뽕잎의 탁월한 양분이다. 누에의 몸을 이루는 영양소의 대부분은 단백질인데 오로지 뽕잎만이 그 원천이다.

누에들은 어느새 4령에 다다랐다. 종령을 향해 달려가는 녀석들의 몸은 제법 굵어졌다. 먹는 양은 2령 때에 비하면 열 배 이상 많아졌다. 뽕잎 심마니로서 신선한 뽕잎을 수급해오는 보람도 이때 극대화된다. 어른 손바닥만 한 뽕잎 한 장은 두어 시간도 버티지 못한다. 배고픈 누에가 지나간 자리마다 앙상하게 잎맥만 남았다. 주는 대로 모두 먹기 때문에 시간을 나눠 조절해줘야 몸이 비대해지지 않는다. 가끔 과도하게 먹이활동을 하느라 고개가 서로 엉키기도 한다. 누에들은 서로 부딪히지 않도록 넓은 공간에 뽕잎을 두어도 어느새 한데 모여 복작이며 먹었다. 찌개냄비 가운데 두고 먹는 가족처럼 녀석들도 식구라는 걸까.

습기를 잔뜩 머금은 채 날이 개었다 젖었다 하더니 진짜 여름이 찾아왔다. 물을 모범적으로 자주 마시는 편은 아니지만 여름이면 여러 방법으로 몸에 물기를 채운다. 늦은 밤 유리물병에 찻잎을 넣어 냉장고에 두었다가 냉침차로 마신다. 지난겨울에 얇게 잘라 얼려둔 귤 서너 조각을 커다란 컵에 넣고 얼음 세 조각, 꿀 한 스푼에 섞어 마시면 두 시간 정도

상큼한 여름 속에 머물 수 있다. 잠이 오지 않을 때 마시라고 친구가 사준 위스키는 투명한 잔에 얼음을 잔뜩 올려 흔들어 마시면 부드럽고 향긋하게 식도를 넘어가는 맛과 향이 음, 하여튼 좋다.

외출할 때는 어디를 가든 텀블러에 마실 것을 담아 다닌다. 특히 숲에 갈 때 시원한 보리차에 얼린 보리차 얼음 조각을 함께 담아 가면 찌는 더위에도 오후까지 시원하다. 한두 시간의 짧은 숲길을 갈 때는 좋아하는 블렌딩의 홍차를 우려 간다. 그루터기에 앉아 홍차에 초콜릿 한 조각이면 잉글랜드 여왕이 부럽지 않다. 커피를 좋아하지만 화장실이 잘 갖춰진 곳이라면 모를까 숲에서는 비추다. 이래저래 사계절 마르지 않는 건 보리차다. 찰랑찰랑 여름이 깊어간다는 건 누에와의 시간이 줄어들고 있다는 의미였다.

나는 타이어 광고 모델처럼 통통하고 우람해졌어. 내
안에는 물 같기도 하고 살덩이 같기도 한 게 꿀렁이며
차오르는 중이야. 새로운 뽕잎은 계속 들어오고 있어.
먹으면 먹을수록 내 몸은 가득 채워지고 딴딴해져 가.

3부

집짓기의 어려움

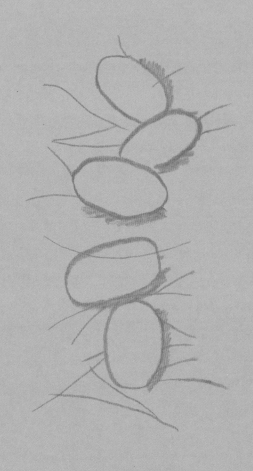

누에 깰라, 살살 걸어라

주말에 우드카빙 캠프에 다녀왔다. 참가자 여럿이 야외 그늘에 둘러앉아 나무토막을 칼로 깎아내는 게 캠프의 주요 활동이다. 사이사이 관련 제품 설명회, 다양한 깎기 체험, 전문가의 강의 등이 섞여 있어 나 같은 우드카빙 초짜에게도 1박 2일이 알찼다.

오후에 야외 캠핑장에 도착해 간단한 설명을 들은 다음 납작한 나무토막을 골랐다. 지인은 젓가락과 수저 세트를 만들 거란다. 나는 찻잎 뜨는 삽과 작은 수저를 만들기로 했다. 마당에 넓은 그늘막이 드리워져 있었지만 태양의 위세는 막강했다. 캠핑의자를 끌고 그늘을 좇아 움직이다 보니 해가 저물도록 삽은커녕 비슷한 형태도 만들지 못했다. 뻐근한 허리도 펼 겸 저녁 먹기 전까지 주변을 기웃거렸다. 캠핑장이 언덕 끝에 있어 풍경은 좋았지만 깊은 숲이나 산책길로 연결되지 않은 것은 아쉬웠다.

우리는 많은 수고가 필요하지 않은 재료들로 간단하면서 푸짐한 저녁을 먹었다. 텐트 대신 차박을 하기로 했기 때문에 뒷좌석을 접어 미리 잠자리를 정리해뒀다. 우리가 사용할 주차장은 절벽 바로 위였고 풍광이 무척 아름다웠다. 안전을 위해 설치된 펜스 너머 끝없이 내달리는 산봉우리가 눈을 씻어주었다.

　장소를 정하고 두 사람의 차 사이에 작은 캠핑용 테이블을 폈다. 주섬주섬 차와 스낵, 맥주와 과일 등의 주전부리를 부려놓으니 하루의 마무리로 이보다 완벽할 수 없었다. 지인이 세면장에 간 사이 랜턴을 모두 끄고 펜스에 다리를 올린 채 뜨거운 차를 마셨다. 건너편 산에서 들려오는 산짐승 소리, 출처를 알 수 없는 타격음, 온갖 풀과 나무의 냄새, 달착지근한 밤공기에 에워싸여 있자니 자연의 나룻배를 타고 검은 바다 한가운데 있는 것 같았다. 깊은 밤의 막막한 어둠은 내가 캠핑을 사랑하는 백 가지 이유 가운데 하나다.

　낮에 만들다 만 나무토막을 꺼내 깎기 시작했다. 홈을 좀 더 파고 모서리를 쳐내니 삽의 꼴에 가까워졌다. 우롱이나 보이 같은 동양 차는 잎이 두꺼워 집게로도 가능하지만 블렌딩한 홍차는 작고 가늘기 때문에 삽이 좋다. 끝부분은 넓고

얇으면서 손잡이가 짧아 작은 차통에서 손쉽게 차를 꺼낼
수 있어야 했다.

내가 잡은 원자재는 버드나무였다. 물을 좋아하는 습성의
나무이니 차도구로 적절할 거라고 합리화하면서 요리조리
다듬다 보니 얼추 완성되었다. 밥 수저를 만들겠다는 욕심
은 내려놓았다. 작은 찻삽 하나 만드는 데 한나절이 걸리는
실력으로는 어림없었다.

생명을 가진 상태의 나무는 길들이는 대로 구부러지고 휘
어진다. 나는 따뜻하고 유연한 나무의 물성을 동경한다. 나
무로 된 것이면 무엇이든 마음이 열린다. 집에 있는 책상과
좌탁, 식탁을 큰맘 먹고 주문 제작해 20년 가까이 쓰고 있는
데 쓸수록 고급스럽게 나이를 먹고 있다. 가끔 부드럽고 널
따란 좌탁에 모로 누워 손으로 상판을 쓸어본다. 그러다 보
면 십중팔구 잠이 드는, 그 별것 아닌 일탈도 사랑하는 순간
중 하나다.

나무라면 오감을 열어놓고 보는 나에게 지인이 우드카빙
캠핑을 제안했을 때 마다할 이유가 전혀 없었다. 나무를 만
지작거리면서 숲에 머물다 온다는데 나무애호가에게 이보
다 설레는 외유가 있을까. 차 안에 매트를 깔고 누우니 창문
커튼 사이로 암청색 하늘이 보였다. 산에서 보는 밤하늘은
형형하다. 도시를 감싸고 있는 탁한 더께가 걷혀서 그럴 것

이다.

나의 누에들이 종이상자가 아니라 나무줄기를 오르락내리락하며 자연의 풍성한 향기 속에서 고치를 지을 수 있었다면 어땠을까. 새들의 눈을 피해 스릴 만점의 나날 속에서 나방이 될 준비를 했을까. 사포질이 덜 돼 까끌까끌한 삽을 만지면서 나의 누에들을 생각했다. 그들은 가로세로 50센티미터의 종이상자에서 막바지 애벌레의 시간을 맞고 있었다.

알에서 부화한 지 보름째, 누에는 5령이 되었다. 이때 관리를 잘 해줘야 누에가 무사히 고치를 지을 수 있다.

"큰누에는 바람으로 키우라는 말이 있지요."

"누에 몸의 수분을 줄이는 데에는 너무 강하지 않은 자연 바람이 제일 좋아요."

전문가들은 열정만 가득할 뿐 한눈에도 어설퍼 보이는 누에 러버(lover)에게 시기별 주의사항을 조목조목 일러주었다. 한여름, 고온다습할 때 바람을 통하게 해주면 수분의 증산작용을 도와 누에의 온도가 낮아진다는 것이다. 더운 날 살랑거리는 바람이 누에의 행복지수를 높일 뿐 아니라 안전한 고치를 위해 필수라는 말이 뇌리에 박혀 있었다. 바람이 통하는 그늘로 둥지를 옮기고 팥알만 해진 똥을 치웠다. 수분을 잔뜩 머금어 손으로 튕기면 또르르 굴러갈 정도다. 초록 잎과 흰 누에만 보이던 어린누에 시절의 둥지와 달리 5

령들의 둥지에는 동글동글 검은 폭탄 무더기가 날마다 쌓여 갔다. 뽕잎이 가장 많이 필요할 때이기 때문에 하루에 서너 차례 두툼하게 먹이를 실어 날랐다. 장이 길어진 만큼 소화 하는 데 걸리는 시간도 길어졌다. 5령의 누에들은 정말이지 쉬지 않고 먹었다. 아홉 마리가 어른 손바닥만 한 뽕잎 스무 장을 반나절 만에 없앴다.

어느 날 아침이었다. 둥지의 풍경이 전과 달랐다. 평소 같 으면 잎맥이 앙상했을 뽕잎이 반 이상 남아 있을 뿐 아니라 전체적으로 활발하던 둥지의 움직임이 어딘가 둔해진 것이 느껴졌다. 먹이를 이렇게 놔둘 리가 없는데 이상했다. 나는 갓 따온 프리미엄 오가닉 뽕잎을 살랑살랑 흔들어봤다. 친 환경 토양 출신으로 얼마 전까지 촉촉한 아침이슬이 미끄러 져 내렸고 풍부한 햇살을 담뿍 받고 자라 윤기가 좔좔 흐르 는 최상품이었다. 뽕잎 냄새에도 미동이 없는 누에를 보자 누에에게 변태의 시간이 다가오고 있음을 깨달았다. 지난 보 름 동안 까다로운 고객님 입맛을 저격해온 이 지체 높은 잎 사귀는 오늘부로 말라비틀어져 낙엽으로 전락할 신세였다.

첫 주자는 몽쉘이었다. 드높은 식성으로 볼 때마다 잎을 갉고 있던 몽쉘은 머리를 하늘 높이 치켜들고 미동하지 않 았다. 돌기처럼 작은 가슴발 세 쌍을 몸에 붙이고 고개를 처 든 모습은 반듯한 궁서체의 니은 자 같았다. 뽕잎 더미 위에

몸이 커지면서 몸 안의 실샘이 함께 불어나는 것을
느끼고 있어. 뽕잎에서 채취한 각종 영양분 가운데 핵심
성분을 뽑아 이곳에서 고치실을 만들지. 내가 5령이
되면서 점점 누래지는 건 몸 안에 고치실이 가득하다는
뜻, 한마디로 고치 짓기에 임박했다는 신호야.

얌전하게 놓인, 통통하고 윤기 있는 자음 하나는 누에의 마지막 잠인 넉잠 시기가 온 것을 알려주었다. 애벌레 몽쉘은 이 잠을 자고 일어나면 고치를 짓기 시작할 것이다. 몽쉘을 시작으로 남은 여덟 마리 누에들도 같은 과정만이 남은 것이다.

5령의 누에는 뽕잎뿐 아니라 그 어떤 것에도 관심이 없다. 코앞에서 다른 누에가 똥을 싸건 잎을 갉건 미동하지 않고 부주의한 내가 둥지를 건드리는 바람에 제 몸이 크게 흔들려도 도통 모른다. 일생의 절반을 잠으로 보내는 누에에게 각 시기의 잠은 저마다 다른 기작을 한다. 석잠 시기까지의 잠이 몸을 키우고 단백질을 비축하기 위해서였다면 마지막 잠인 넉잠 시기에 이르러서는 체질 바꾸기에 집중한다. 모든 영양분을 고치실 만들기에 쏟아야 하니 잠든 몸 안에선 중차대한 준비가 한창이다. 희고 푸르던 몸피가 고치를 틀 시점에 누렇게 변하는 것도 이 까닭이다. 옛날 누에치기하던 어른들은 누에가 넉잠을 잘 때면 아이들의 뜀박질에도 주의를 주었다고 한다. 누에 깰라. 살살 걸어라.

넉잠에서 깬 순서대로 고치를 짓게 된다면 몽쉘이 내 집마련의 첫 고객이 될 터였다. 가만히 보니 토마스도 새 뽕잎을 심드렁하게 먹거나 냄새만 맡고는 딴청을 피웠다. 아마도 두 번째 주자가 될 모양이었다. 그 모습을 보니 나도 모르게 애잔한 마음이 들었다. 내가 주는 뽕잎이 필요 없게 된 데 대한 먹이 급여자로서 허탈감, 먹고 기고 갉기만 했던 애벌레에서 고치와 우화라는 일생일대의 변혁을 맞을 것에 대한 기대와 염려가 뒤섞였다.

나방이 되어서도 너희들은 나를 기억할까. 감상에 빠진 나머지 혼잣말을 뇌까렸다. 누에의 넉잠 시기는 고치틀기가 임박했다는 스톱워치이자 나에게는 나뭇잎을 둥지에 놓아주면서 나눈 교감의 순간들을 거둬들여야 하는 서글픈 알람이기도 했다.

둥지 안의 하얀 집

넓은 의미의 생태계에선 자연과 직접적인 교감을 하지 않을
수록 개체 보호와 환경 보존을 위하는 길이다. 한동안 식물
공부를 겸해 드나들던 산중턱에 개살구나무가 살았다. 해발
700고지 비탈에 뿌리를 내린 탓도 있지만 바로 옆에 구렁이
같은 칡이 개살구나무를 칭칭 감아 올라 나무를 못살게 굴
었다. 멀리서 보면 어느 것이 개살구의 가지이고 어느 것이
칡인지 구분이 되지 않았다.

나무가 말라 죽어가는 것을 아프게 바라보던 누군가가 톱
을 들고 와 칡 가지를 잘라내고 보이는 대로 뿌리를 뽑아냈
다. 이듬해 나무는 꽃망울을 팡팡 터뜨리며 연분홍 세상을
만들어냈는데 그해 가을, 개살구나무 옆 함박꽃나무가 잔존
했던 뿌리에서 살아난 칡의 감옥에 감기고 말았다. 어린 함
박꽃나무는 힘겹게 버티다 점점 말라갔다. 누군가는 칡을
건드리지 말았어야 했다고 했고 누군가는 개살구나무가 살

앉으니 다행 아니냐고 자못 고개를 돌렸다.

그런가 하면 아마도 천적을 피해 달아나다가 뒷다리가 잘린 게 분명한 사슴벌레를 만난 적이 있다. 녀석은 한여름 되약볕의 임도를 건너는 중이었다. 굼뜬 사슴벌레를 개미는 가만 놔두지 않았다. 사슴벌레류의 외피는 평소엔 갑옷처럼 단단하지만 한 번의 상처만으로도 치명상을 입는다. 상처 입은 사슴벌레의 몸은 삽시간에 개미떼에 뒤덮였고 산 채로 매장당한 사슴벌레는 개미군단에게 들어 올려져 풀숲으로 사라졌다. 그늘에서 쉬고 있던 일행은 그 광경을 무심히 바라보았다. 호기심과 연민으로 사슴벌레를 살려준들 개미의 강한 턱에 뭉개진 사슴벌레가 구사일생할 리 만무했다. 힘이 빠져 말라 죽든 달려드는 개미에게 먹혀 죽든 둘 중 하나였다.

몽쉘은 어딘가를 찾는 눈치다. 둥지를 훑듯이 신중하게 기고 있다. 시력도 청력도 없이 막막한 침묵의 세계 안에서 오직 냄새와 촉감으로 움직인다. 고도로 응축된 집중력으로 명주실로 된 아름다운 집을 지으려는 것이다.

몽쉘은 한 시간째 집터를 찾기 위해 둥지 모서리를 두 번이나 왕복하고 있다. 지나는 길마다 녀석이 입으로 뽑아낸 실들이 은하수처럼 깔린다. 뽕잎은 표면에 짧은 잔털이 풍부해 누에가 흘리는 고치실을 씨실날실로 잇는 역할을 해준다. 또한 누에 다리 표면의 흡착력은 끈적한 고치실에 전혀 방해받지 않을 만큼 기능적이다. 때문에 아무리 누에가 그 위를 지나다녀도 고치실이 늘어지거나 엉기지 않고 다른 누에의 진로를 방해하지 않는다. 누에에게는 이유 없는 기관이 없고 궁금해서 관찰해보면 기가 막히게 자명한 답이 나왔다. 모든 생명은 더할 것도 보탤 것도 없이 생리에 맞게 진화하고 있다.

학창 시절 배운 대로 누에는 완전 변태하는 곤충이다. 알, 유충, 번데기, 성충의 시기가 명확하다. 지금 몽쉘과 토마스는 고치 안에서의 번데기 탈피를 준비 중이다. 완전히 모습이 바뀌는 과정이니만큼 과정상의 특징이 많았다. 곡기를 끊고 무른 똥을 누었으며 입에 반질반질 윤기가 흐르고 입 주변이 검어진다. 이 부위는 실을 토하는 관으로서 몸 안 가득히 쌓인 고치실을 뽑아내는 역할을 한다. 누에는 집 짓는 건축주이자 인부, 미장장이가 되고 온몸은 줄자와 굴삭기가 되어 천연 접착제를 뽑아낸다. 처음 고치를 짓는 누에를 마주했을 때가 생생하다. 놀라서 눈을 깜박이는 것을 잊을 정도였다.

나는 집 안의 모든 소음을 줄이고 몽쉘의 터 찾기에 함께

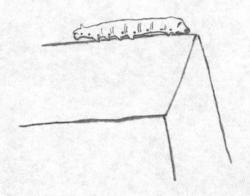

가장 먼저 잠을 깬 나는 둥지의 담을 타고 벽(종이상자의
테두리)에 올라서 있어. 아까부터 걷고 있는 이 길은 좁고
위태롭게 이어져 있지. 망설이다 걸음을 떼는데 어디선가
토마스의 목소리가 들려. 몽쉘! 내려와. 거긴 아무것도
없어.

몰입했다. 그러는 사이 가장자리에서 길게 뻗어 있던 토마스가 잠에서 깨어나 무른 똥을 누었다. 예의 반질거리는 까만색이 아니라 누르스름하고 눅눅하다. 무른 똥은 실샘으로 변하기 전 소화기관에서 쏟아낸 마지막 배설물이다. 넉잠에서 깬 순서가 아니라 배설물을 쏟아낸 순서가 고치틀기 순서였다. 대부분 이 순서 그대로 우화한다. 잠에서 늦게 깼더라도 무른 똥이 나오면 한눈에 확인될 만큼 누에의 움직임이 부산해졌다.

몽쉘, 토마스, 술래, 해보…. 잠에서 깬 누에들은 그토록 좋아했던 뽕잎을 가차 없이 밟아가며 구석구석 바쁘게 돌아다녔다. 실을 뽑아 집짓기를 시도했다가도 뭐가 마음에 안 드는지 금세 포기하고 다시 여정을 떠나기를 반복했다. 그러다가 마침내 거처를 정하면 정확한 지점에 실을 붙여 집을 지었다. 이 과정은 놀랄 만큼 과학적이다.

누에뿐 아니라 곤충의 고치 짓는 DNA는 볼수록 신묘하다. 맨 처음 아교뭉치 같은 실을 벽면에 붙인 다음 몸을 절반씩 회전해가며 거점을 만든다. 건축의 기초 과정인 보를 만드는 과정이다. 몸의 절반을 움직이는 이유는 좌우로 자기 몸이 딱 맞게 들어갈 공간을 가늠하기 위해서다. 가장 쉬

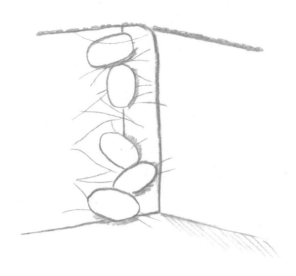

운 장소는 정육면체의 모서리, 내 집의 누에로서는 종이상자의 귀퉁이다.

　눈이 있으면 찾아가겠지만 누에는 기어가 더듬어봐야 알수 있다. 그러니 이 과정을 수십 번 반복해야 한다. 어쩌다 뽕잎을 만나면 집짓기의 8할이 완성된다. 뽕잎 표면에 아교 뭉치를 붙이고 그곳에 실을 이어 잎의 이쪽 끝과 저쪽 끝을 연결해 보를 만든다. 그다음 돌돌 말아내면 세상에서 가장 든든하고 안전한 요새가 만들어진다. 모서리 다음으로 인기 많은 가옥의 형태는 평면에 실을 붙여 고치를 매다는 방법이다. 일종의 트리하우스다.

고치를 틀 즈음 누에의 몸통은 최대치의 70퍼센트 정도로 줄어든다. 대신 배발의 지지력이 먹이활동을 할 때에 비해 눈에 띄게 상승한다. 나중에 고치 안에서 몸을 360도로 완벽하게 회전할 수 있는 것은 두툼한 배발 덕이다. 빨판처럼 강력한 배발로 실을 꾹꾹 눌러가면서 고치의 완벽한 타원형을 만들어간다. 네 쌍의 배발이 지지해주지 않으면 몸을 뒤로 접는 일은 상상할 수 없다. 정확하게 갔던 곳으로 되돌아와 실을 붙인 다음 다시 실을 뽑아 반대편에 붙이기를 반복한다. 이 과정은 정교한 바느질 같기도 하고 섬세한 실크 벽지를 바르는 작업 같기도 하다.

누에가 고치를 짓는 기간은 평균 이틀 안팎이다. 이 시간 동안 입에서 쉬지 않고 실을 뽑아낸다. 몸을 공처럼 말았다가 젓가락처럼 늘이는 순간에도 입에는 실을 물고 있다. 누에가 공간에 이어놓은 실은 아무리 힘을 주어도 끊어지지 않는다. 탄력을 잃은 대신 오히려 실의 강도가 높아진다. 아침저녁으로 야생 뽕잎만 먹고서 이렇게 아름답고 질긴 명주실을 뽑아낸다는 사실은 놀랍다. 바닥, 벽, 뽕잎에 붙여놓은 실은 힘주어 떼지 않으면 떨어지지 않는다. 뗄 때는 풀을 바른 벽지를 뗄 때처럼 차르르 소리가 날 정도다.

내 입에서는 점점 많은 양의 실이 빠져나오기 시작했어.
터를 찾아 걷는데 아랫배가 뭉근하더니 눅눅하고
누르스름한 똥 한 알이 빠져나왔지 뭐야. 똥을 누자마자
몸이 가벼워지면서 고치 짓는 일이 수월해졌어. 나는
모서리에 침을 잔뜩 바른 다음 정신없이 벽에 실을 이어
붙였지.

점잖은 은둔자였던 술래도 어느새 옅은 타원형의 고치 외형을 지었다. 누런 몸피와 두툼해진 배발, 반질반질한 입으로 고치 안에서 몸을 쉴 새 없이 굴린다. 실을 뽑아 벽을 바를 때마다 달그락 쩌걱, 달그락 쩌걱 하는 소리가 규칙적으로 들린다. 흡착력 좋은 발과 아교 같은 실이 공조하는 소리다.

잠깐 커피라도 내려올라치면 옅었던 고치는 어느새 반투명의 내피를 한 겹 더 두르고 있다. 시스루 캡슐을 보듯 훤히 들여다보이던 누에의 몸짓이 점점 희미해진다. 맨 마지막 작업은 타원형의 꼭지에 해당하는 부분이다. 누에의 반질반질한 검은 입이 이따금 꼭지에 콩콩 박히는 모습이 보인다. 현관의 문풍지를 덧대듯 두껍게 실을 바르는 것이다. 이렇게 문단속을 마치면 고치가 완성된다.

이제 고치는 잘 벼린 칼이나 가위로 자르지 않으면 절대 열리지 않는다. 누에가 숲에 살았다면 매나 황조롱이의 부리, 삵이나 수달의 발톱, 사슴벌레나 장수풍뎅이 집게발의 표적이 됐겠지만 나는 무엇으로도 나의 누에들을 자극하지 않는다. 그러나 이것이 보호인지 사육인지 관찰인지 나조차도 알 수 없다. 누에가 제대로 한살이를 할 수 있도록 최대한 개입하지 않은 상태로 지켜봐주고 싶다는 마음만이 확고하다. 둥지 안에 있던 누에들은 차례로 희고 단단한 집을 지어 안으로 들어갔다.

애벌레들이 고치 속으로의 여행을 준비하는 둥지는 훌륭한 경기를 치른 선수들이 자신들의 캠프로 돌아가는 풍경처럼 부산하면서 적막하다. 조심조심 마른 잎사귀들을 걷어내고 작은 모래알 같은 똥을 붓으로 살살 긁어 담는다. 우화한 뒤 암컷은 이곳에 다시 알을 낳을 것이다. 잎을 갉는 소리, 태평한 걸음, 서늘하고 부드러운 몸피, 놀라면 죽은 척 '얼음!' 하던 몸짓 하나하나가 눈에 선하다. 그렇게 애벌레 시절을 마친 나의 누에들이 모서리에 동글동글, 이파리에 돌돌 감겨 일생일대의 변화를 앞두고 있다.

작은 용사 흰둥이

애벌레의 두 번째, 다섯 번째, 여덟 번째 마디에는 각각 하나씩 세 개의 무늬가 있다. 무늬가 있는 누에를 형잠(螢蠶)이라고 부르는데 나의 누에 여덟 마리가 그랬다. 한 마리만 무늬가 없는 민누에, 전문 용어로는 희잠(姬蠶)이었다. 형질의 차이였을 뿐 특이사항은 아니었다. 누에계의 알비노(Albino)마냥 푸른빛이 돌 정도로 새하얀 몸에 어떤 무늬도 없었다.

나는 녀석을 흰둥이라 불렀다. 녀석은 종령이 될 즈음부터 거의 자라지 않아서 다른 누에들의 4령 크기에도 미치지 못했다. 어린누에 때는 막냉이와 함께 좀처럼 먹지 않아 걱정이 컸다. 얼마 뒤 막냉이가 건강해진 뒤에도 흰둥이는 며칠 더 애를 먹였다. 다행히 3령이 지날 즈음 먹성을 회복했고 아름다운 흰빛을 뽐내며 자라났다.

그런데 요 근래 다시 흰둥이를 볼 때마다 부쩍 신경이 쓰였다. 5령에 접어들어 애벌레 일생 중 가장 잘 먹어야 하는데 웬일인지 먹는 일에 다시금 심드렁해졌다. 낙오의 위기를 스스로 극복하며 5령이 되었으니 친구들과 똑같이 고치를 지어야 할 시기였다. 왕성한 식욕은 없었지만 애벌레 한살이의 과정은 흰둥이에게도 찾아왔다. 친구들이 하나둘 고치를 짓기 시작하자 녀석도 준비에 나섰다. 뽕잎 먹기를 완전히 그만두고 드디어 넉잠에 돌입했다.

자고 일어난 흰둥이의 몸에서 작고 누런 똥이 나왔다. 한나절이 지나자 고개를 허공에 저으며 주둥이에서 실을 뽑을 준비를 했다. 좋은 집터는 친구들이 차지하고 난 뒤라 부지런히 집터를 찾아야 했다. 다음 날이 되었다. 이쯤 되면 터를 잡아 집의 형태를 만들어야 하는데 여전히 방랑 중이었다. 무른 똥을 누었으니 시간이 얼마 없는데도 흰둥이는 움직임이 적었다.

불안했던 나는 모서리에 터를 잡도록 뽕잎으로 유인해주었다. 주둥이를 비벼 확인하더니 안심한 듯 실을 뽑아 삼각형으로 이어진 면과 면에 보를 이었다. 그때부터 밖에서 일을 볼 때도 누에가 집을 잘 짓고 있는지 궁금해서 귀갓길을 서둘렀다. 응원과 염려, 기대와 불안으로 마음이 시끄러웠다. 흰둥이 입에서 뽑아져 나오는 실은 다른 녀석들에 비해 눈에 띄게 여리고 가늘었다. 몸집이 유난히 작고 생김도 다른 이 누에를 나는 자주 들여다봤다. 먹이활동마저 뒤쳐져서 마음을 놓을 수가 없었다. 여린 잎을 놓아주면 조금 먹다가 친구들의 토실한 몸이 느물느물 지나갈 때마다 밀리고 밟히기 일쑤였다.

먹성 좋고 잠을 잘 자던 토마스, 소피, 몽쉘, 술래, 회오리 순으로 무른 똥을 눈 지 하룻밤 만에 고치의 얼개를 짰다. 예민하고 방랑벽이 있던 동백이와 해보도 친구들을 따라 부랴부랴 고치를 만들었다. 회오리와 비슷하게 넉잠에서 깨어났음에도 아직 고치를 짓지 못한 누에는 막냉이와 흰둥이뿐이다. 막냉이는 아직 잠에서 깨어나지 않았고 흰둥이는 벌써 사흘째 집터를 고르는 중이다.

하루가 더 지났다. 흰둥이의 집짓기는 진전이 없다. 흰둥이는 가장 작은 몸으로 이 집에 와서 가장 집요하게 나방에의 꿈을 좇고 있다. 곳곳을 옮겨 다니며 실을 뽑았지만 어느 곳에서도 허술하게나마 고치의 외형이 만들어지지 않았다. 작은 고갯짓으로 실을 뽑아 분주하게 시도하고 매번 한계가 오면 옮겨서 다시 시도하기를 수십 번째다. 흰둥이가 지나간 곳마다 뽑다 끊어진 실들이 어지러이 붙어 있다. 작고 지친 누에는 이번에도 포기하지 않는다. 친구들이 짓다 만 빈

집을 보수하는가 싶더니 포기하고 다시 길을 나선다.

뽕잎 부스러기들이 널려 있는 바닥을 가로질러 흰둥이는 지금 높은 벽에 세로로 길게 누워 있다. 꽁무니의 색은 진한 누런색이다. 꽁무니를 채우고 있는 그것은 고름 같기도 하고 누런 똥 같기도 하다. 가슴다리를 쳐들어 실을 뽑아내보지만 이내 고개가 힘없이 떨어진다. 집을 지어야 하는데 시작만 하고 변변히 나아가지 못한 채다. 친구들 중 가장 길고 집요하게 집을 짓고 있는 것이다. 이 작은 누에에게 아름다운 미색 날개를 갖추는 일은 어째서 이다지도 멀고 고단한가. 배다리를 뗄 때마다 높다란 벽에서 떨어질 것만 같다. 몸이 휘청하고 말린다. 떨어지지 않도록 뽕잎을 대어주고 싶은 마음이 치밀어 오르지만 애써 누른다. 본능이란 것은 무서운 것인지 바닥에 내려와 몸을 눕히면 좋겠는데 그건 못내 싫은가보다. 저 높은 벽의 끝, 안전하고 높은 곳에 고치를 짓겠다는 본능 하나만이 이 죽어가는 누에를 지배하는 유일한 감각이다. 꽁무니의 누런색이 배까지 올라왔다.

벽에 세로로 몸을 붙이고 힘이 빠진 고개는 왜로 틀어 누에의 몸은 이제 작은 기역자가 되었다. 죽어간다는 감각이 없다는 것은 어떤 것일까. 아무런 공포도 없이 몸의 기능을 잃어가는 것은 뒤집어 말하면 한없는 평화다. 죽어가는 누에의 평화를 빌고 있다. 우아하고 고운 날개를 갖지는 못했지만 아름다운 청백색의 몸빛으로 가장 오래 집을 지은 명예를 얻었으니 애벌레로서 좋은 시절이었다. 땅으로 잘 돌아가도록 도와주는 일이 남았다.

누에가 고치를 짓지 못한 채 죽을 수 있다는 것을 처음 알았다. 나중에 안 사실은 누에가 고치를 짓지 못하는 불탈피 잠이 되는 경우가 종종 있었다. 흰둥이를 죽음에 이르게 한 원인이 고름병인 것도 뒤에 알았다. 몸에서 진물 같은 고름이 나오면서 돌아다니다가 몸의 마디가 마비되면서 숨이 멎는 병이다. 흰빛에서 점점 누렇게 변하는 다른 녀석들과 달리 내내 푸른 흰빛으로 몸이 빛났던 녀석은 마지막 순간까지도 힘겹게 배다리를 끌어올려 고치 짓는 시늉을 했다. 성장이 느렸던지라 실뽑기도 하염없이 느렸던, 포기를 모르는 작은 용사였다. 내 집에 머문 지 17일 만의 일이었다.

죽음은 인간에게야 엄중하지, 녀석에겐 영문 모를 찰나의 암전일 뿐이다. 녀석을 뽕잎에 여며 종이끈으로 감쌌다. 아침에 내린 비로 땅이 축축하게 젖어 있었다. 작은 영혼을 대지에 묻기에 좋은 여건이었다. 나는 흰둥이를 천가방에 담아 산책로에 연결된 뒷산으로 향했다. 상수리나무와 밤나무 군락지를 지나 쪽동백나무 아래에서 잠시 서성였다. 이쪽은 청서가 뻔질나게 드나드는 곳이라 안전하지 않을 것 같았다. 조금 더 올라 비좁은 산모퉁이에 섰다. 해마다 이른 봄

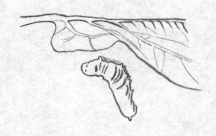

배다리에 힘이 빠지는군. 가슴다리는 아까부터 허공에
들려 있어. 조금 더 힘을 내면 나도 친구들처럼 완벽한
고치를 만들 수 있을까? 고개가 자꾸 꺾여서 실을 뽑기가
힘이 들어. 전처럼 똑바로 기어갈 수만 있다면 고치쯤
식은 죽 먹긴데 말이야.

에 매화나무가 분홍빛 꽃편지를 보내오는 곳이다. 땅이 고르진 않아도 작은 동물들의 발자취나 인적이 드물었다. 매화나무 조금 옆으로 다람쥐들이 도토리를 숨기느라 헤집지 않을 은사시나무 아래에 흰둥이를 묻었다. 슬픔이 목젖 아래를 꾹꾹 눌렀다. 다음 생이 있다면 꼭 아름다운 날개를 달아 인간으로부터 최대한 멀리 날아가기를 빌었다.

둥지에는 막냉이만이 남았다. 몽쉘을 시작으로 모두가 고치를 짓고 들어가 문을 걸어 잠갔다. 막냉이는 아직도 뽕잎에만 온 정신이 가 있다. 늦게 입이 튼 것인지, 주면 주는 대로 뽕잎을 해치웠다. 호젓한 둥지에 녀석의 뽕잎 갉는 소리만 사각사각하더니 며칠이 지나자 드디어 소리가 멈췄다. 넉잠에 들어간 것이다. 녀석은 희고 통통한 배를 뽕잎의 잎자루에 길게 깔고 고개를 빳빳이 든 모습으로 움직이지 않았다. 며칠 동안 잠을 자고 일어난 막냉이는 둥지를 돌아다니며 고치를 지을 터를 찾아다녔다. 비어 있는 둥지 모퉁이를 찾아낸 녀석은 솜씨 좋게 고치를 짓기 시작했다.

입에서 토해낸 실로 가로로 길게 줄을 이은 다음 중간 지점에 거점을 잡았다. 저 까다롭고 정밀한 건축 기술이 유전자 정보로 내재돼 있다는 것이 놀랍다. 몸 안의 실 한 움큼으로 빈틈없이 완벽한 구형을 만들어내는 기술로는 자연계 중 최강이다. 감탄하는 사이 막냉이의 몸이 누렇게 변해갔다. 몸 안이 실의 원료로 채워지고 있다는 뜻이다. 녀석은 어디서 배워온 적도 없으면서 착착 고치를 만들어갔다.

그 모습을 물끄러미 바라보았다. 막냉이의 몸을 쓸어보았던 촉감, 내 손의 먹이를 톡톡 잡아당기던 입질, 종령까지 무사히 도달한 기특한 성장이 이제 마지막이라고 생각하니 기분이 묘했다. 이제 애벌레로서의 막냉이는 볼 수 없을 거라는 사실이 서글퍼졌다. 하루가 지나자 드디어 흐릿한 타원형의 형태가 만들어졌다. 어느새 막냉이는 그 안에 들어가 있었다. 이제부터 내벽 만들기에 돌입할 차례다. 흐릿하던 고치가 반투명한 흰 빛으로 변해갈수록 막냉이의 몸집은 작아졌다. 작은 몸으로 연신 실을 뽑아 집을 완성해 나가던 막냉이의 모습이 점점 보이지 않았다. 안쪽에서 희미하게 달그락 소리가 들려왔다. 양쪽 끝을 마감하는 문단속 작업을 하는 중인 것 같았다. 간헐적으로 이어지던 소리가 뚝 그쳤다. 이틀에 걸친 막냉이의 고치 작업이 끝이 났다. 둥지는 완벽하게 고요한 우주다, 희고 빛나는 캡슐이 불규칙하게 떠 있는.

둥지는 갑작스러운 적막에 휩싸였다. 완벽한 타원형의 고치 여덟 개가 그 적막 안에서 생생함을 더하고 있다. 보름여의 시간 동안 나에게 각성과 감동을 안겨준 누에들이 저마다의 길을 떠났다. 썰물이 빠져나간 것처럼 마음이 휑하다. 고작 애벌레 아홉 마리가 사라진 것뿐이다, 나의 허전함은 과도하다고 되뇌면서도 둥지 앞을 한참 떠나지 못했다.

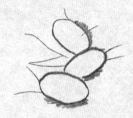

나의 고치가 거의 완성되었어. 그동안 먹이를 끊이지 않게 챙겨주어서 고마웠어. 애벌레들의 시간은 여기서 문을 닫을게. 굿바이.

4부

짝짓기의 계절

무심하고 무참한 자연의 질서

인간과 나무의 짝짓기는 일맥상통하는 부분이 있다. 종의 분류로 보면 둘 사이는 너무 멀지만 자식을 생산하는 이치는 같다. 세포 분열을 통해 하나의 세포만을 착상에 쓰는데 이 과정을 인간이 하면 수정, 식물이 하면 수분이다. 그뿐 아니라 식물은 영장류보다 훨씬 오래전부터 지구에 살아온 터줏대감이다. 생물의 진화는 바다에서 육지로 진행돼왔다고 알려져 있다. 새와 동물, 식물은 이 과정에서 각자의 형편대로 최선을 다해 종족을 번식시키며 살아남았다.

때로 이 길고 처절한 레이스에서 탈락되기도 하는데, 하나의 종이 멸종한다는 것은 존재가 사라졌다는 생물학적 의미도 있지만 수천수만 년에 걸쳐 온 개체들의 고군분투의 역사가 영원히 소실되었다는 서글픈 반증이기도 하다. 자신의 고군분투가 후대에 티끌만큼의 의미를 갖도록 하기 위해 숨이 붙어 있는 모든 것은 자못 긍휼하고 신중하게 짝짓기를 한다.

식물의 수분(受粉), 즉 꽃가루받이는 동물에 비해 복잡하고 치명적인가 하면 또 눈물겹다. 뿌리 내린 곳에서 한 발짝도 이동할 수 없는 제한적 상황이 식물의 수분전쟁에 도화선이 된다. 달콤한 향기와 꿀을 만들어 곤충을 유인하고, 뿌연 꽃가루를 사방에 날리며, 열매에 가시나 털을 달아 발 달린 동물(또는 사람)의 몸에 붙여 멀리멀리 씨앗을 보내는 이유다. 계절에 따라 꽃의 크기와 시기가 각각 다른 것도 치밀한 전략이다.

매화, 진달래, 귀룽나무 등 어떤 봄꽃들은 잎보다 먼저 세상에 나온다. 햇빛이 귀한 봄에 꽃으로 수분하려면 잎을 함께 틔울 여유가 없기 때문이다. 그렇다면 민들레는 왜 잎을 달고 있는 걸까. 땅의 복사열을 충분히 받아 영양 손실이 적어서다. 지면에서 떨어져 오들오들 떨고 있는 관목이나 교목보다는 살림살이가 좋다는 뜻이다. 작열하는 태양으로 모든 식물이 무성하게 자라는 여름에는 양지꽃이나 민들레처럼 키가 작으면 불리하다. 그래서 꽃도 크고 키도 크며 생김새도 화려하다.

엄격한 질서도 있다. 한국인이 가장 좋아한다는 소나무는 암수 한 그루다. 한 그루의 소나무만으로도 암꽃과 수꽃이 피어 자가수분이 가능하다는 얘기다. 그런데 이 고고한 소나무는 자가수분을 피하기 위해 암꽃이 수꽃 위에 달린다. 아무리 수꽃이 꽃가루를 날려도 암꽃에 닿기가 어렵다. 암꽃 입장에서는 동일한 유전자의 수꽃보다 유전자가 다른 종자를 받아야 유전적으로 건강한 열매를 만들 수 있기 때문이다.

곤충과 새들의 세계도 천태만상이다. 벌은 크게 침을 쏘는 침벌과 기생벌로 나뉘는데 기생벌의 삶은 교활하기도 하고 기구하기도 하다. 어미 벌은 살아 있는 애벌레 안에 알을 낳는다. 엉겁결에 벌의 알을 품게 된 애벌레는 알에서 깨어난 새끼 벌들에게 산 채로 갉아 먹히면서 보양식의 재물이 된다. 하루살이는 한눈 팔 수 없는 팔자다. 물속에서 아기 시절을 보낸 다음 물 밖에서 길어야 2~3일을 사는데 이때 체면이고 뭐고 따질 것 없이 필사적으로 짝짓기를 마쳐야 하기 때문이다.

어떤 부류는 독보적인 부성애로 주변을 놀라게 하기도 한다. 노린재목에 속하는 물자라는 암컷이 수컷의 등에 알을 낳고 사라지면 수컷이 등에 알을 지고 다니면서 육아를 책임진다. 대부분의 맹금류는 수컷의 몸집이 더 작고 외양이 화려하다. 때까치 수컷은 암컷이 알을 품는 동안 암컷의 입에 주기적으로 먹이를 넣어준다. 암컷의 입에 남김없이 들어가라고 꼭꼭 여며주기까지 한다. 간혹 아파트 베란다에 둥지를 품기도 하는 황조롱이는 도심형 맹금류다. 황조롱이 수컷은 암컷을 위해 쥐나 두더지 등 작은 동물을 잡아주는데 이때 반드시 머리를 떼어내고 준다. 입을 가진 동물은 설령 죽었어도 그 속에 뭐가 있는지 알 수 없기 때문이다.

숲을 걷다 보면 가끔 나뭇가지 끝에 가느다란 실로 매달린 애벌레를 만난다. 나무에 새가 앉아 있거나 앉았다 날아간 직후이거나 둘 중 하나다. 새는 애벌레의 저승사자다.

애벌레가 맛있게 잎을 갉아 먹고 있는데 어디선가 새가 날아와 나뭇가지에 앉았다 치자. 애벌레는 나뭇가지에 전해지는 진동을 통해 저승사자가 왔음을 감지한다. 이때는 맛있는 잎이고 뭐고 삼십육계가 답이다. 자칫 바닥에 떨어지면 죽을 걸 알면서도 새에게 잡아먹히느니 필사적으로 실을 뽑아내 공중에 매달리는 것이다.

우리 눈엔 귀여운 작은 새이지만 이제 막 알에서 나온 애벌레에겐 두려움과 공포의 대상이다. 하지만 원망할 수 없다. 무심하고 무참한 자연의 질서다. 소나무와 민들레, 기생벌과 물자라, 때까치와 황조롱이의 고군분투에는 그만한 이

유가 있다. 짝짓기는 종족번식의 본능이요 실존이며, 자연
은 이토록 천연덕스럽고 잔인하다.

"가위개미는 짝짓기계의 관우야. 힘과 지략을 겸비했거든."

"반딧불이계의 팜므 파탈이라면 포투리스 반딧불이가 으
뜸이지."

열다섯 살 소년들의 눈이 반짝인다.

"개미에게 창이 있나요?"

"포투리스가 예뻐요?"

너는 특강해라 나는 멍 때린다의 태도였던 아이들은 남녀
상열지사 주제가 나오자 화색을 띠고 질문을 쏟아낸다. 중
학교 여름방학 직업특강의 일환으로 연락이 온 것이 보름
전이었다. 활동 중인 두 가지 직업 중 하나를 선택해달라는
요청에 나는 숲해설가를 선택했다. 중학교 2학년 소년들에
게 작가라는 직업은 주제의 범위가 애매했다. 숲해설가는
직업적으로 단순하면서 일상생활에서 곁들일 사례가 무궁
무진했다. '자연 속의 나'라는 거시적이고 일관된 방향성도
갖췄다. 사춘기 소년들의 마음을 사로잡아 지루하지 않되
나름의 교육성을 갖추기엔 이만한 진로 탐구가 없었다. 나
는 아이들의 시선 하나하나를 그러모아 설명을 이어나갔다.

가위개미가 종족번식을 위해 벌이는 파티는 이채롭다. 1년에 딱 하루 가위개미들이 일제히 힘을 모아 여왕개미의 개미집을 공중에 들어올린다. 인근의 다른 종의 개미와 교미시켜 유전적으로 강해지기 위해서다. 아마존 강 수면에 몇 분 동안 까만 띠가 둘러지는 장관을 본다면 가위개미 종족의 지능적인 유전자 결합이 진행 중이라고 여겨도 좋다.

반딧불이의 수정은 암컷의 꼬리에서 나오는 빛을 수컷이 찾아가면서 이뤄진다. 포투리스 반딧불이 암컷의 타깃은 포티누스 반딧불이, 정확히 말하면 그 속의 독성물질이다. 포투리스 암컷은 포티누스 암컷의 빛을 흉내내 수컷을 유혹하고, 자기 짝인 줄 알고 다가온 포티누스 수컷을 단숨에 먹어치운다. 요부 포투리스 암컷이 다른 집안 수컷의 독을 품는 이유는 뭘까. 다음 세대에게 독성을 가진 강한 유전자를 물려주기 위해서라는 게 학계의 정설이다.

영국의 진화생물학자 리처드 도킨스의《이기적 유전자》에 따르면 인간을 포함한 동물의 몸은 유전자를 운반하는 매개체에 불과하다. 우리는 조상으로부터 후손에 이르는 종(유전자)을 유지하고 번영시키기 위해 물적인 운반책으로서 존재한다. 바꿔 말하면 지구상에 살아남은 동물의 중차대한 소임은 아름다운 지구를 후손에 물려주거나, 사랑하는 사람과 행복하게 살다 죽거나, 멋진 가죽이나 이름을 남기는 것이 아니다. 몸에 각인된 절대 유전자를 다음 세대에 이어가는 일, 그것을 위해 우리는 살아간다.

도킨스의 논쟁적 이론을 끌어오는 데에는 이유가 있다. 세대를 이어 유전자를 운반하려면 반드시 짝짓기가 이뤄져야 하기 때문이다. 파란만장한 누에나방의 짝짓기를 설명하기에 유전자의 명령만큼 효과적인 지시봉은 없었다. 누에나방은 오로지 다음 세대에 자신의 유전자를 안전하게 실어 나르기 위해 세상에 나온 것 같았다. 이들의 짝짓기는 잔혹하다시피 일방적이었고 무서울 만큼 집요했다. 자신의 저서를 통해 도킨스는 인간의 지적이고 과학적인 동참을 원했을 것이다. 그의 바람대로 여기, 동양의 누에 집사는 누에라는 렌즈를 통해 그가 주장하는 유전자의 절대적인 지위를 확인했다. 그의 신실한 독자로서 나는 동물의 짝짓기가 얼마나 과학적이고 정확한지, 또한 얼마나 비정하고 이기적인지 누에의 영역 안에서 이해할 수 있었다는 얘기다.

애벌레, 날개를 달다

이제 나의 누에에게 시선을 돌릴 차례다. 고치에 들어가버린 애벌레들은 어떻게 되었을까. 그곳에서 누에는 온전히 누에만의 시간 속에서 놀라운 지각변동을 맞닥뜨린다. 애벌레의 몸을 이루었던 기관들은 남김없이 성충의 몸을 구성하는 재료가 된다. 외투의 보풀 같았던 2령의 어린누에를 떠올려보자. 지우개똥이라고 부르는 편이 나았던 그 작은 몸에는 이미 성충의 기관들이 칩처럼 박혀 있다. 뽕잎을 야무지게 잡고 갉았던 귀여운 앞다리는 누에나방을 단단하게 지탱해주는 세 쌍의 다리로 재탄생한다. 머리 아래쪽에 붙어 있던 홑눈은 시력은 약할지언정 어엿한 눈 모양을 갖춘다. 애벌레의 머리는 나방의 머리가 되고 배발과 몸통은 나방의 생식을 위해 한데 모아진다. 더듬이는 훨씬 아름다운 더듬이로 진화하고 성충이 되었음을 상징하는 두 쌍의 날개도 애벌레의 가슴께에서 발달한다. 이때 만들어진 날개는 오로지 의사소통을 위한 메신저일 뿐 본연의 기능은 하지 못한다. 수컷은 날갯짓을 하며 폴짝 뛰어오르는 정도이며, 암컷은 단 1밀리미터도 날아오르지 못한다. 기능이 퇴화한 것이다.

날개만 갖췄다고 나방이 되는 것은 아니다. 불필요한 기관은 과감히 탈락시킨다. 도킨스의 이론에 따르면 누에나방은 오로지 유전자를 다음 세대에 나르기 위해 존재하므로 쓸데없이 전력을 낭비할 이유가 없다. 짝짓기에 매진할 시간은 짧으면 일주일, 길어야 열흘 남짓이다. 팔자 좋게 식도락에 빠질 여유가 누에나방에겐 허락되지 않는다.

입은 퇴화하고 얼굴에는 참빗 모양의 멋들어진 더듬이가 달린다. 위와 장 같은 소화기관을 없애버린 대신 생식기관을 잔뜩 형성한다. 암컷은 난소를 발육시켜 수백 개의 알을 저장하고 수컷도 정자 생산과 수정을 위한 생식기관만을 남긴다. 모두 번데기 안에서 일어나는 일이다. 말하자면 호랑나비건 배추흰나비건 쐐기나방이건 애벌레의 시기를 거친 나비목의 곤충들은 입이란 입은 모두 고치에 녹여내고 오직 종족번식만을 위해 세상에 나온다.

고치를 지은 지 열흘이 지나도록 둥지로부터 반가운 출현은커녕 작은 기척도 새어나오지 않았다. 번데기의 시기에 일

어나는 엄청난 변신과 탈피의 과정을 미리 알았더라면 무작
정 기다리지는 않았을 텐데 멋모르던 나는 숱하게 방을 들
락거렸다. 참다 못해 고치 앞에서 예비 누에나방을 채근하
기에 이르렀다.

들어간 지 2주가 다 돼가는데 안에서 뭘 하는 거니?

왜 여태 소식이 없어?

애벌레가 나방이 된다는 것은 완전한 붕괴와 완벽한 재생
을 뜻했다. 애벌레 시절 가장 두드러진 특징이자 나를 촉감
의 황홀경에 빠트렸던 하얗고 부드러운 몸피는 탈피를 위한
든든한 갑옷으로서의 소명을 다했다. 살아온 세계를 스스로
붕괴하고 생존에 필요한 모든 기작을 다시 일으키는 데 고
작 보름이면 충분한 이 놀라운 동물을 당시 나는 몰라봤다.

단 한 번도 온전히 나를 변화시켜 삶을 전복해본 적 없는,
늘 뜻밖의 행운과 타인의 호의 속에 운 좋게 열매의 단맛을
맛보며 살아온 내가 아니었던가. 끝없는 합리화 속에서 내
가 속한 세계를 벗어나본 적 없는 우물 안 개구리는 다름 아
닌 나였다.

꼬박 보름째 되던 날, 마침 나는 집에 있었다. 안방 베란
다 화분에 물을 주고 있는데 통돌이 세탁기에서나 날 법한
모터소리가 들려왔다. 소리를 따라 좇아간 나는 하마터면
물 조리개를 떨어트릴 뻔했다. 오매불망 기다리던 고치 중

하나가 새로운 소식을 알려온 것이다. 둥지 모서리에 있던 고치의 귀퉁이가 누르스름하게 찢겨 있었다. 낮은 곳에 솜씨 좋게 지은 집, 토마스의 고치였다.

나방이 우화할 때는 자신의 분비물로 고치를 녹여 구멍을 낸 다음 머리부터 빠져나온다. 구멍 난 고치 옆에는 애벌레 흔적을 찾아볼 수 없게 완벽 변신한 어른 토마스가 맹렬한 날갯짓으로 존재를 알렸다. 무더운 날씨가 이어질 거라는 오전 10시의 예보와 함께 나의 첫 번째 누에나방이 세상에 나왔다. 어리둥절한 건지 득의만만한 건지 세 쌍의 두텁고 완벽한 다리로 둥지에 착지한 그는 힘찬 날갯짓으로 존재감을 알린 뒤 아랫배를 들어 올려 몸을 부르르 떨었다.

첫 번째 누에나방의 출현으로 감격한 나는 집에 있을 때는 거의 붙박다시피 둥지를 떠나지 않았다. 가만히 귀를 기울이면 누에나방이 고치에서 나오기 전 부스럭 소리가 들렸다. 토마스의 날갯짓이 잠잠해질 무렵 간헐적으로 뭔가가 긁히는 소리가 났다. 고치를 찢기 위해 앞발로 긁는 것 같았다. 고치 위치로 보아 해보였다. 오래지 않아 고치 끝부분이 열리더니 빗살무늬의 아름다운 더듬이 한 쌍이 나타났다. 나방이 되어서도 미소를 짓게 만드는 특질은 변하지 않은 건지, 녀석과 눈이 마주치자(역시 나 혼자만의 눈맞춤이었지만) 절로 웃음이 터져 나왔다.

　강낭콩 크기의 해보는 고치에서 몸을 빼자마자 바닥에 톡 널브러졌다. 빗살무늬의 더듬이와 까만 눈, 작고 고운 미색의 몸통은 이내 각자의 할 일을 시작했다. 먼저 세 쌍의 다리가 나섰다. 몸을 일으킨 해보의 등에서 날개가 퍼졌다. 녀석은 몇 번 날개를 파닥이더니 빠르게 움직이며 날개돋이를 했다. 제 입에서 나온 실로 고치를 짓고 멋진 날개를 달고 세상에 나온 해보, 녀석의 이유 있는 사자후였다.

　나방이 되었다는 것은 균형을 갖춘 성충이 됐다는 뜻도 되지만 이후 펼쳐지는 삶 전체가 냉정한 짝짓기의 한판 승부라는 뜻도 된다. 두 마리의 수컷누에나방이 대치 중인 둥지에는 전운이 감돌고 있다. 녀석들이 다투어 파닥이는 날갯짓은 훗날 암컷에게 선택받은 수컷의 득의양양한 노래가 되거나 암컷의 눈길 한 번 받지 못한 만년 솔로들의 외로운 하소연 중 하나일 것이다. 바야흐로 잔인한 계절이 찾아왔다.

아무래도 누에나방이 귀가 없는 것은 진화를 위해 잘한 선택인 것 같다. 한창 때 녀석들의 날갯짓은 RPM으로 계산해보고 싶을 정도로 셌다. 한 녀석이 날갯짓을 시작하면 주변의 모든 수컷들이 질세라 날개를 비벼댔다. 여기저기 울려 퍼지는 날갯짓을 자기들끼리 듣는다면 달팽이관이 남아나질 않았을 거다.

토마스와 해보, 수컷 두 마리가 우화한 이튿날 아침 강렬한 진동에 일찍 눈이 떠졌다. 오 놀라워라, 닫힌 문틈을 뚫는 페로몬의 RPM이여. 관찰하면서 알게 된 사실은 누에나방의 날갯짓에는 상황에 따라 강약과 장단이 있다는 점이다. 이날은 누에나방에게 가장 중요한 짝짓기 혈투가 시작된 날이었다. 그러니 그 소리가 문턱을 넘을밖에! 소리를 따라 둥지가 있는 방에 들어갔을 때 나는 기절초풍하는 줄 알았다. 토마스와 해보가 암컷을 사이에 두고 양보 없는 쟁탈전을 벌이고 있었다. 밤사이 새로 열린 고치를 보니 암컷은 술래였다.

이렇게 아름다운 날개를 갖게 될 줄이야! 나비들은
길다란 한 줄짜리 곤봉 모양의 더듬이를 가졌지만 우리
누에나방의 구조적인 빗살무늬 더듬이엔 비할 바가 못
돼. 체면적이 넓어서 페로몬 발산에 유리해. 부드러운
미색 몸과 날개. 나보다 멋진 나방 있으면 어디
나와보라지!

고치에서 먼저 나온 것은 토마스였으나 막상 술래와 짝이 된 주인공은 해보였다. 토마스 입장에서는 억울하기도 하겠지만 모든 동물의 짝짓기에 있어 타이밍은 가장 극적인 전술이다. 토마스는 날개를 파닥여 둘 사이를 훼방놓으면서 앞발로 해보의 얼굴을 무섭게 긁어댔다. 토마스의 맹렬한 날갯짓과 높이 처든 앞발은 위협적이었다. 그러나 짝짓기 중인 해보의 뚝심도 만만치 않았다. 해보의 등에 올라가고 술래의 옆구리에 파고드는 등 토마스의 맹공에도 해보와 술래는 떨어지지 않았다.

신중한 해보는 힘을 낭비하지 않았다. 머리를 숙이고 토마스의 공격을 받아냈다. 술래 역시 해보가 도는 방향을 따라 함께 움직이면서 짝짓기에 열중했다. 이쯤 되면 안전한 곳으로 날아가도 되련만 누에나방은 날지 못한다. 인간으로부터 충분한 먹이와 천적이 없는 이상적인 환경을 얻은 대신 야생성을 완전히 소실한 까닭이다. 가축화와 비행법을 맞바꾼 셈이다. 더듬이와 날개에 심각한 부상을 당하면서도 해보와 술래가 할 수 있는 최선은 밀착한 채 제자리걸음을 하는 일뿐이었다. 거칠게 비비적대는 토마스의 공격으로 술래의 몸이 거의 반으로 비틀리자 해보는 술래가 비틀어진 각도로 몸을 움직여가며 자신의 암컷을 보호했다. 가장 많이 상한 쪽은 분노에 휩싸인 토마스였다. 고치에서 나온 지

하루도 안 돼 양쪽 날개 끝이 너덜너덜해졌다.

한 시간이 넘도록 셋은 여전히 모터 소리를 내면서 다투고 있었다. 이때가 처음으로 내가 망설였던 순간이다. 해보는 더듬이에 심각한 상처를 입었고 바닥에는 날개에서 떨어진 비늘 잔해들이 널려 있었다. 둥지의 평화를 위해 분리해줘야 옳은지 고민 끝에 토마스를 뽕잎에 태워 구석에 놓았다.

그러나 바로 다음 순간 부질없는 짓이었음을 깨달았다. 녀석은 기가 막히게 이름값을 했다. 나의 분리를 비웃기라도 하는 듯 토마스는 독일전차의 기세로 뽕잎을 가로질러 사랑의 전쟁터로 돌진했다. 이미 술래의 페로몬이 어디에서 발향하고 있는지 아는 이상 레이더의 추격을 따돌릴 순 없을 것 같았다. 이토록 강렬한 본능이라면 아무리 소극적이라 해도 인간의 개입은 폭력이라는 생각이 들었다.

삼자간의 낭자한 공방은 그러고도 한참 이어졌다. 술래와의 짝짓기에서 실패를 맛본 뒤 토마스는 안절부절못했다. 해보와 술래의 짝짓기를 훼방하거나 그들 옆에서 신경질적인 날갯짓을 하거나 그것도 싫증나면 둥지 벽을 타고 올라가 둥지 바닥으로 폴짝 뛰어내리곤 했다. 토마스와 짝을 이룬 암컷은 작고 귀여운 동백이였다. 기척도 없었고 누런 분비물도 없었다. 동백이는 후드득 꽃이 떨어지듯 벽에 매달린 고치의 틈을 열고 세상에 내려왔다.

키친타월이 하얗게 깔린 둥지에 사뿐히 떨어진 동백이는 토마스의 구애를 담담히 받아들였고 둘은 곧 커플이 되었다. 이틀 뒤, 둘 사이에 균열이 생겼다. 암컷은 알을 낳을 시기가 되면 수컷을 밀어내기 시작한다. 그러나 알을 낳으려는 동백이의 안간힘은 토마스를 이기지 못했다. 몸을 좌우로 움직이고 배를 힘껏 끌어당겨도 난공불락이었다. 그날 저녁까지도 토마스는 동백이를 놔주지 않고 있었다. 그리고 다음 날 아침, 동백이가 어떤 묘수를 낸 것일까. 토마스로부터 멀찍이 떨어져서 알을 낳고 있었다.

이후로 토마스는 광폭 행보를 이어갔다. 다른 수컷과 짝짓기 중이건 알을 낳고 있건 암컷만 보면 꽁무니를 치켜들고 날갯짓을 해댔으나 번번이 무시당했다. 날개의 비늘은 거의 빠져나가 빗자루처럼 거칠해졌지만 마지막 순간까지 더듬이를 다듬었고 날갯짓 또한 멈추지 않았다. 토마스는 여덟 마리 누에나방 가운데 가장 선명한 욕망의 소유자였다. 끝날 것 같지 않던 쟁탈전은 아름다운 날개를 가진 소피의 등장으로 마침내 평화를 찾았다.

애벌레였을 땐 먹는 일이 중요했어. 지금은 입이
사라지고 나방에게 필요한 딱 세 가지, 더듬이와 날개와
생식기관을 얻었지. 인간처럼 저렇게 많은 감각을
주렁주렁 달고 살아가는 것은 어떤 기분일까. 나라면
반나절이 지나기도 전에 까무러칠 거야.

둥지는 혼돈의 도가니

1호 누에나방인 토마스가 우화한 날로부터 사흘이 지나도록 막냉이의 고치는 열리지 않았다. 세상에 나온 일곱 녀석들은 요란스레 짝짓기를 하거나 날갯짓을 하면서 존재감을 알렸다. 토마스의 짝짓기 열정이 둥지를 장악하고 회오리가 가출을 감행해 방랑을 시작했을 무렵, 마지막 고치에서 달그락 소리가 들려왔다. 토마스의 우화로부터 일주일이 지난 뒤였다. 고치 입구가 부옇게 찢어지면서 피스타치오 크기만한 미색 물체가 뽕잎 위로 떨어졌다. 나방이 되어 세상에 나온 막냉이였다. 피스타치오의 옆구리에서 부우우웅 소리와 함께 아름다운 두 쌍의 날개가 돋았다.

녀석은 5령의 막바지에 뽕잎을 갉던 기세만큼이나 나방으로서 존재감을 드러내는 방식도 거침없었다. 날갯짓을 하면서 뛰어오르더니 금세 한 뼘 높이의 둥지를 넘었다. 힘을 주체 못하는 프로펠러처럼 거실 바닥을 날갯짓하며 옮겨 다녔다. 긴 비행은 하지 못했지만 한 번의 날갯짓에 30센티미터쯤 날았다. 다른 나방들에게선 볼 수 없던 맹랑함이었다. 반가워서 손가락을 날개 옆에 댔다. 냄새로 이물감을 눈치챈 녀석은 몸을 떨면서 맹렬하게 날갯짓했다.

생존한 여덟 마리의 누에나방 가운데 둥지 탈출을 가장 빈번하게 시도하고 가장 멀리 뛰쳐나갔던 녀석은 방랑자 회오리나 거구의 몽쉘이 아니었다. 다른 친구들처럼 블라인드 끝자락이나 지구본 램프 탐험은 막냉이에겐 시시했다. 막냉이는 점프하는 방식으로 방바닥의 끝까지 옮겨가 벽을 타고 다시 내려왔다. 몸을 가누지 못해 핀셋으로 먹이를 겨우 받아먹던 애송이가 정녕 이렇게 단단해졌단 말인가. 애벌레 시절의 추억이 오버랩되면서 녀석을 볼 때마다 엄마미소가 지어졌다. 녀석이 우화한 뒤로 매일 아침 녀석을 찾아 방 구석구석을 뒤지는 것으로 새로운 추억 쌓기가 시작됐다.

여느 생물과 마찬가지로 누에나방도 짝짓기를 위해 혼신의 힘을 다해 모든 감각을 동원한다. 애벌레-번데기-누에나방으로의 대변혁 끝에 세상에 나왔으니 이번 생에 사력을 다하는 것은 어쩌면 당연한 일이다. 입이 퇴화해 먹을 수도 없는 이 작고 간단한 존재에게 남은 유일한 소명은 자식을 많이 낳아 대를 잇는 것뿐이다.

성충이 된 누에나방 수컷이 먼저 고치에서 나와 암컷이

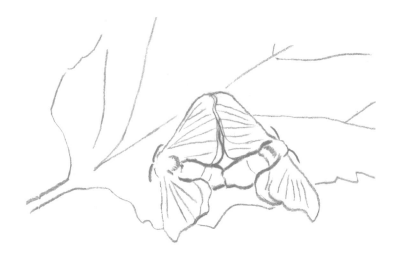

나오기를 기다린다. 고치 밖으로 새어나오는 암컷의 페로몬이 수컷을 자연스럽게 유인하기 때문이다. 어떤 수컷은 암컷의 고치를 뱅뱅 돌며 암컷이 나오기도 전에 페로몬에 흥분하는가 하면 느긋한 수컷은 방심하고 있다가 암컷과 만날 기회를 놓치곤 했다. 수적으로 암컷이 적다 보니 암컷이 고치에서 나올 때마다 둥지는 아수라장이 됐다. 근처에 있던 수컷들은 새로운 가능성의 출현에 앞발로 더듬이를 다듬고 빳빳 소리가 나도록 날갯짓하면서 자신의 모든 기량을 뽐냈다. 날갯짓에 한창인 누에나방 옆에 손가락을 대보면 바람이 휙휙 지나가는 게 느껴질 정도였다.

고치에서 나온 누에나방이 맨 처음 하는 일은 접혀 있던 깜짝이야! 뽕잎을 든 여인을 다시 보게 되다니! 나는 아주 먼 곳으로부터 번데기가 되었다가 마침내 나방이 되었는데, 설마 그 긴 시간여행을 함께한 건가? 인간치고 대단한데?!

날개를 펴는 날개돋이다. 고치 안에서 생식성장을 마친 그들은 세상에 나오자마자 세 쌍의 다리로 굳건히 몸을 일으킨다. 그와 동시에 누런 타원형의 몸에서 날개가 펴진다. 옆구리에 착 붙어 있어 펴지기 전까지는 날개라고 믿을 수 없었던 그것은 나방 몸의 두 배 이상 컸고, 우아한 외형에, 행글라이더의 삼각형처럼 조형적이었다. 분비물의 분비 시기는 경우에 따라 달랐다. 고치 안에서 분비하거나 고치 밖에서 날개돋이를 하면서 분비하기도 했다. 이 작은 스포이트 한 방울의 분비물은 애벌레 즉 유충 체내활동의 마지막 흔적이다. 배설물을 내보내고 날개돋이까지 끝나면 암수의 짝짓기 공방이 펼쳐졌다.

간혹 암컷의 날개돋이가 끝나기 전에 짝짓기를 시도하는 수컷이 있지만 암컷은 단장이 끝나기 전까진 '썸'을 허락하지 않았다. 이때 서로 뱅뱅 돌면서 꽁무니로 페로몬을 주고받는데, 둘이 나누는 날갯짓과 페로몬은 주변의 누에나방을 자극해 번번이 방해꾼을 초대하곤 했다.

재미있는 사실은 이런 새치기가 성공 확률이 높았다는 것이다. 짝짓기에 성공한 수컷은 날개마디를 빳빳하게 부딪치며 아까의 페로몬 발산 때와는 다른 소리를 냈다. 짝짓기 중에도 수컷은 날갯짓을 하곤 했는데 수정하는 과정이라는 신호이자 밀착력을 높이기 위한 파워게임이기도 한 것 같았다. 교미 도중 수컷이 날갯짓을 하면 암컷은 팔랑이는 날갯짓으로 화답했다.

이제 둥지에는 총 여덟 마리의 누에나방이 모여 살게 되었다. 수컷이 토마스, 몽쉘, 해보, 회오리, 막냉이까지 다섯에 암컷이 술래, 동백이 소피까지 셋이다. 살아서 우화했다면 흰둥이까지 암컷은 네 마리였을 것이다. 둥지에는 핑크빛 기류만 있는 것은 아니었다. 바로 옆에는 짝짓기에 실패한 수컷이 쉬지 않고 날갯짓을 하면서 존재를 알렸다. 일단 암컷을 발견하면 수컷이 꽁무니를 들어 올리며 날갯짓을 한다. 이때 몸 전체가 진동하면서 파르르 떨리는데 이 동작이 수컷의 구애 동작이다. 수컷은 암컷의 꽁무니를 찾아 뱅뱅 돌면서 페로몬을 발산한다.

경쟁자가 있거나 말거나 수컷은 암컷에게 저돌적으로 구애한다. 암컷을 가운데에 두고 수컷이 뱅뱅 돌면서 충돌하기 일쑤다. 놀이동산의 범퍼카처럼 부딪히고 나가떨어졌다가 다시 암컷을 향해 돌진한다. 운과 노력, 지략이 총동원되고 짝짓기의 희비는 간발의 차로 갈린다. 짝짓기에 성공한 한 쌍은 날갯짓을 주고받으며 종족번식의 과업을 수행한다. 도킨스가 말하는 유전자의 명령이 누에나방을 잠식하는 순간이다.

누에나방의 짝짓기는 짧게는 반나절 길게는 며칠씩 이어진다. 어느 정도 짝짓기가 이뤄지면 암컷이 배를 힘껏 끌어당겨 몸을 빼낸다. 산란이 임박한 것이다. 암컷이 알을 낳을 때 수컷은 산란이 끝날 때까지 주변을 배회하다가 재결합하기도 하고 새로운 암컷을 찾아 떠나기도 한다. 산란이 끝난 암컷에게 새로운 수컷이 찾아오면서 자연스럽게 파트너가 교체된다.

소피는 여덟 마리의 누에나방을 통틀어 가장 인상적인 날개를 가졌다. 완벽한 균형감에 날개 끝의 모양도 우아했다. 애니메이션 〈하울의 움직이는 성〉에서 하늘을 걷는 하울과 소피의 발아래 펼쳐진 구름처럼 부드럽고 아름다운 날개였다. 소피도 짝짓기를 마치고 알을 낳았다. 어느 날 고치에서 나온 지 얼마 되지 않은 회오리가 소피를 찾아왔다. 더듬이를 훑으며 페로몬을 발산하는 회오리에게 소피는 호응하지 않았다. 회오리가 먼지가 뿌옇게 일어나도록 날갯짓하며 구애했지만 허사였다.

오히려 소피는 날개를 바짝 세우더니 꽁무니를 하늘로 쳐들면서 철벽방어를 했다. 패기에 찬 회오리가 몰아치다시피 달려들었지만 결과는 허무했다. 직각에 가깝게 하늘로 향한 소피의 꽁무니 한번 스쳐보지 못하고 회오리는 날갯짓을 멈

나는 지금 귀여운 알을 낳고 있어. 작고 노란 알갱이를
고치에 붙이노라면 내가 아주 멋진 존재인 것처럼
느껴져. 알을 낳고 나면 그 옆에서 잘 움직이지 않아. 내
이름 술래처럼 이 작은 둥지에서 알을 지키는 술래가
되고 싶은 건지도 모르지.

춰야 했다.

산란을 마친 암컷들이 다시 짝짓기를 하는 경우가 예사였기에 강한 거부를 나타내는 소피가 의아했다. 소피는 주술이라도 걸린 듯 자리에서 미동이 없었다. 알을 낳고 나서 예민해진 것일까. 그도 그럴 것이 주변의 움직임과 공기의 흐름에 민감했고 날개를 슬쩍 스쳐도 소스라쳤다. 해보를 비롯해 토마스까지 두어 번의 프러포즈를 더 받았지만 결과는 같았다. 며칠 뒤 술래가 산란하는 바람에 한가해진 막냉이가 소피를 찾아왔다. 그런데 이게 웬일인가. 단 한 번의 밀고 당기기도 없이 단번에 짝짓기가 이루어졌다.

소피는 종족번식의 적합한 상대로서 막냉이를 선택한 것이 틀림없었다. 무슨 차이가 있을까. 나름의 연구 끝에 얻은 결론은 생김새였다. 정확하게 말하면 균형감이다. 기세가 좋았던 첫 구애남인 회오리는 고치에서 나올 때 한 방향으로 밀려 나오는 바람에 날개가 한쪽으로 쏠려 있었다. 살아가는 데 지장이야 없겠지만 쏠린 날개는 시간이 지날수록 체력 소모가 크다. 날개마디 소리를 내기 위해 더 많이 움직여야 하기 때문이다. 뒤에 찾아온 수컷 중 해보는 날개가 작았고 토마스는 격렬한 전투 끝에 한쪽 더듬이에 부상을 입었다. 막냉이는 상한 곳 없이 완벽한 날개와 뻗쳐올라간 더듬이를 가진 미남충이었다.

생태계에서 균형과 대칭은 생존을 가르는 중요한 단서다. 가장 쉽고 확실한 단서는 세상의 모든 꽃이다. 식물의 꽃은 수분을 결정짓는 중요한 생식기관이다. 꽃이 색깔이나 향기보다 우선적으로 중요하게 생각하는 것은 균형이다. 균형이 잡히지 않은 꽃에는 꿀이 없다고 생각해 곤충이나 매개체가 찾아오지 않기 때문이다. 즉, 균형은 건강의 상징인 셈이다.

식물 입장에서 꽃잎은 외부에 자신을 알리는 메신저이면서 찾아온 손님에게 매력을 발산해야 할 병기이기도 하다. 때문에 꽃잎이 떨어지지 않도록 수술과 암술이 꽃잎에 착 붙어 있으며 여기 더해 꽃받침이라는 기관이 꽃을 한 번 더 보호한다. 건물 화단에 즐비한 장미, 개나리, 이팝나무 등 그 어떤 개체도 대칭과 균형의 규칙성을 벗어난 꽃은 하나도 없다.

고정된 장소에서 살아가는 식물과 달리 동물은 '생존=이동성'이다. 돌고래가 시속 50킬로미터까지 헤엄칠 수 있는 이유는 꼬리근육과 가슴지느러미, 그리고 몸통의 완벽한 대칭 덕분이다. 돌고래는 마치 잘 만들어진 어뢰처럼 강력한 추진력을 자랑한다. 조금이라도 형태가 치우치면 빠른 유속을 뚫어야 하는 돌고래에겐 치명적인 약점이 된다. 유인원의 활동을 한층 다채롭게 하는 것은 양쪽 팔에 달린 손가락과 발가락, 특히 균형감을 유지해주는 엄지다. 엄지손가락으로는 먹거나 동료와 교감하고, 엄지발가락으로는 나뭇가지를 잡거나 지지하면서 자유자재로 이동한다.

이쯤 되면 인간도 예외는 아니다. 눈이 짝짝이라면 귀나 콧구멍 등 얼굴의 다른 부위에서 어긋난 눈의 대칭을 보완한다. 작은 기관들이 모인 곤충의 경우 날개의 결 하나에도 큰 역할이 있다. 그러니 소피의 번번한 퇴짜는 대칭이 맞지 않는 상대와 짝지어 불안정한 유전자를 낳느니 불필요한 소모를 하지 않겠다는 뜻이 아니었을까. 아름다운 날개를 가진 선남선녀 한 쌍은 시종일관 격전이 벌어지는 둥지 한쪽에서 오래오래 끊이지 않는 사랑노래를 불렀다.

각각의 누에

다른 사람과 떨어져 살 수 있는 사람이 몇이나 될까. 인간은 구도자의 삶을 선택하지 않은 이상 끊임없이 서로에게 영향을 주고받는다. 적정선에서 타인과 삶을 공유하고 그 안에서 즐거움과 의미를 찾는다. 좋아하는 이들과 한 공간에서 같은 시간을 공유하면서 유머와 위로와 철학을 나누며 그런 어울림 속에서 살아가는 데에 필요한 위로와 격려를 얻기도 한다. 인간관계의 기본이랄 수 있는 좋은 대화는 막막한 벽 앞에 선 사람을 돌려세워 또 다른 문에 이르게 하고, 수치심 혐오감 같은 악성 코드에 감염돼 불안정하게 동요하는 마음을 기꺼이 안아준다. 좋은 대화 속에 있다 보면 깨끗한 강물에 몸을 씻는 것처럼 마음이 정연해지는 이유다.

하지만 아쉽게도 좋은 대화는 즐거운 순간들만으로는 채워지지 않는다. 서로를 각성하는 좋은 대화가 완성되려면 세 가지가 충족되어야 할 것 같다. 첫 번째는 사소한 것이라도 내가 배울 점이 있는 사람인가다. 나이가 많고 학식이 높은 사람을 뜻하는 게 아니다. 사람은 사소한 것이라도 나보다 나은 점이 있는 이에게 마음을 여는 경향이 있다.

한때 나는 시간 약속에 늦곤 했다. 두어 번 반복되자 친구가 "너는 매번 남의 귀한 시간을 빼앗으면서 왜 반성할 줄 모르냐"며 싸늘하게 돌아섰다. 부끄럽고 뼈아파서 그 뒤로 여간해선 약속에 늦지 않을 뿐 아니라 약속을 칼같이 여기는 사람들을 존경하고 그들의 생활 태도를 본받으려고 노력한다. 오랫동안 몸에 익어버린 태도는 강철과 같아서 쉽사리 변형하거나 연마할 수 없으며 자칫 방심하면 금세 녹이 슬어버린다. 좋은 태도는 강철을 다듬듯 자기 자신을 객관적으로 성찰해온 사람만이 가질 수 있다.

두 번째는 좋은 귀, 즉 듣는 태도다. 이쪽에서 아무리 많은 말을 늘어놓았다고 해도 결국 대화를 주도하는 쪽은 잘 들어주는 쪽이다. 잘 듣다 보면 말실수를 줄일 수 있을 뿐 아니라 대화의 밀도를 높일 수 있다. 세 번째는 풍부한 대화 감각이다. 어떤 주제를 갖고도 즐겁게 대화할 수 있는 상대가 몇이나 될까. 대화감각이 풍부한 사람은 아는 것이 많고 잘난 체하는 사람이 아니라 겸손하고 긍정적인 사람이다. 이런 상대라면 애초 꺼낼 생각을 하지 않았던, 소중하거나 긴요한 이야기들이 서툰 고백처럼 나도 모르게 튀어나온다.

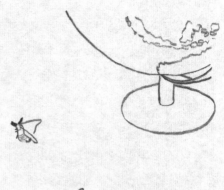

모든 나방의 유전자에는 달의 위치와 직각을 맞춰
날아가도록 각인되어 있어. 그 각도를 벗어나면 방향을
바로잡으라는 조상들의 명령도 함께 새겨져 있지. 그래서
밤에 가로등을 달로 착각한 나방들이 방향을 직각으로
바꾸느라 소용돌이치는 것처럼 보이는 거야. 우리
누에나방은 날지는 못하지만 달의 각도에 따라 살아가는
건 다른 나방과 마찬가지야.

한때 나도 사람을 좋아한 만큼 인간관계에 집착한 적이 있었다. 누구에게나 좋은 사람이 될 수는 없는데도 주변 사람에게 끊임없이 사랑받기를 원했다. 그러한 치기와 열병이 내 안에 사유의 방을 여럿 만들어주었으니 과거는 언제나 현재의 스승인 것이 맞다. 이제는 허망한 관계야말로 나 자신을 괴롭히는, 해롭고 쓸쓸한 일임을 안다. 나와 타인 간의 장력이 시종일관 달달하거나 빈틈없이 팽팽하거나 한없이 느슨하다면 그것을 관계라고 부를 수 있을까. 감정은 유기적으로 이동하고 그에 따라 관계의 형태도 변하게 마련이다. 태양과 달의 일방적인 관계는 그것이 태양계니까 가능한 이야기다. 우리는 관계라는 우주 속에서 복잡다단한 자기만의 법칙으로 살아가는 각각의 행성이다.

인간과 함께 살아온 것이 누에나방에게 불가피한 선택이었을까 비극적인 생존이었을까. 야성을 잃고 나는 법을 잊어버린 나방에게 생태계가 내줄 자리는 있을까. 방문을 활짝 열어놓아도 나방들은 문 밖 세상을 향해 날아가지 못한다. 암컷은 날기는커녕 몇 발짝 움직이다 생을 다하고, 수컷은 비행이란 말이 무색하게 수십 센티미터를 폴짝이다 만다. 누에나방 암컷이 알을 낳고 제자리를 지키면 수컷이 암컷을 찾아 이동하는 구조다. 그러나 날개의 역할이 비행에만 있으란 법은 없으니 반드시 비극만은 아니다. 누에나방은 아름다운 두 쌍의 날개로 존재를 알리고 몸의 균형을 단단히 잡는다. 누에나방끼리의 소통도 날개로 한다. 당연한 얘기겠지만 여덟 마리의 누에나방은 날개의 형태와 촘촘한 비늘 모양까지 저마다 달랐다.

지난여름은 태풍이 잦았다. 아파트 단지 안의 자작나무가 비바람에 맞춰 거칠게 헤드뱅잉을 했다. 이런 날은 누에나방이랑 노는 게 최고다. 짝짓기 중인 누에나방이 두 쌍, 나머지는 드문드문 떨어져 각자의 시간을 보내는 중이었다. 애벌레 시절 통통하던 몸매를 그대로 갖고 나와 몸집도 커다란 몽쉘이 날개를 수평으로 펴고 쉬고 있었다. 몽쉘은 짝짓기에 큰 관심이 없었다. 다른 수컷이 존재를 나타내느라 날갯짓을 하면 본능적으로 호응할 뿐 적극적으로 암컷을 찾지 않았다. 몸은 크지만 선비 같은 구석이 있었다.

장난기가 발동한 나는 쉬고 있는 몽쉘 옆으로 슬며시 손가락을 갖다 댔다. 아무리 변온동물이어도 펄펄 끓는 36.5도의 괴이한 촉수가 닿을 듯 다가갔는데도 녀석은 눈치채지 못했다. 1분쯤 흘렀을까. 녀석이 움찔 놀라면서 내 손가락으로부터 반대로 몸을 돌렸다. 다시 손가락을 갖다 댔다. 이번엔 아까보다 빨리 나를 파악하더니 앞다리로 더듬이를 쓸어내리기 시작했다. 긴장했다는 뜻이다. 손가락으로 날개를 슬며시 스치자 팟팟팟팟, 놀란 몽쉘이 소스라치게 날갯짓을 했다. 우화한 직후를 제외하고 이렇게까지 격렬하게 반응한 적이 없었다. 놀란 것인지 싫은 것인지 둘 다인지 모를 일이었다. 어쨌거나 망중한을 즐기고 있던 몽쉘에게 미안해졌다. 비 오고 바람 부는 날, 인간으로 태어났다면 호젓한 정자에서 책을 벗 삼았을 선비 몽쉘, 놀려서 미안. 내가 잘못했다.

태풍과 함께 열대야가 찾아왔다. 습도와 열기가 염려되어 둥지를 서늘한 거실로 옮겨주었다. 나방은 달빛을 좇는 낭만파 야행성이다. 아침에 나가보면 아파트 단지의 가로등을 달로 착각한 막냉이가 거실 한가운데 날개를 펴고 위풍당당 나를 맞았다. 탈출한 막냉이를 둥지에 옮길 땐 우화할 때 고치 아래에서 막냉이를 받아냈던 뽕잎을 사용했다. 갓난아기의 배냇저고리처럼 일종의 배냇 뽕잎이랄까.

초반 며칠 동안 한사코 밀어내던 뽕잎을 어느 날부터는 냉큼 올라타기 시작했다. 뽕잎 헬리콥터를 타고 둥지에 돌아가면 짝을 만난다는 것을 깨달은 다음부터였다. 막냉이는 뽕잎을 타고 둥지에 도착한 뒤 맹렬하게 날갯짓을 했고 소피, 동백이와 짝짓기를 했다.

막냉이는 누에의 방에 머문 세 마리 암컷 모두와 짝짓기에 성공한 유일한 수컷이기도 했다. 첫 짝은 술래였다. 토마스의 극성에 시달리다 겨우 쉬고 있던 술래는 길 위에서 만난 막냉이와 짧게 스쳤다. 우화한 지 반나절 만의 일이었다. 녀석은 술래가 알을 낳기 위해 꽁무니를 떼자 둥지 밖으로 나와 소파 발치의 귀퉁이에서 맹렬한 날갯짓을 해댔다. 기세로만 보면 제가 독수리인 줄 아는 것 같다.

몽쉘을 그렇게 놀라게 해놓고도 나의 장난기는 멈추어지지 않았다. 나는 음흉한 미소를 흘리며 손가락을 막냉이의 오른쪽 날개 아래쪽에 슬며시 넣었다. 핀셋으로 급식하던 시절 날카로운 핀셋 끝부분이 녀석의 입에 닿을까 봐 달달 떨리던 그 손가락이다. 이제는 녀석들을 놀리는 불방망이 노리개가 되었다.

막냉이가 자신의 날개 옆에 무언가 있다는 것을 눈치챈 것은 그로부터 5초쯤 지났을 때다. 낯선 냄새에 놀란 듯 흠칫 몸을 빼던 막냉이는 잠시 후 더듬이를 사정없이 만지면서 고개를 주억였다. 역시 놀란 것인지 싫은 것인지 알 수 없었다. 분명한 것은 손가락 놀려먹기는 대성공이라는 사실이다. 처음으로 맹렬하게 뽕잎 갉는 네 모습을 보면서 위로받은 날, 너의 등을 쓸어내리던 내 손가락을 기억할 리 없겠지.

속으로는 살짝 서운했지만 재미있었으니 그것으로 되었다.

고백하자면 건드리고 도망치는 장난을 몽쉘과 막냉이에게만 친 것은 아니었다. 몽쉘이 여리고 순한 수컷이라 그렇지, 수컷보다 암컷이 내 손가락의 움직임, 즉 외부 자극에 훨씬 민감하다. 암컷들은 내 손가락이 머리 위나 날개 주변에만 가도 몸을 굳힌 채 긴장했다. 특히 알을 낳은 뒤의 암컷은 공기의 흐름, 온도 등 모든 것에 민감했다.

이 언니, 정말 성가시네. 좀 쉬어볼까 하면 왜 자꾸

귀찮게 하는 거야. 게다가 몸은 왜 이렇게 뜨거워?

인간은 어떻게 36.5도의 열을 몸에 지니고 살까! 아악,

냄새! 반찬 많이 나오는 데서 밥 먹고 소주 마셨네.

술래야~ 동백아~ 못살아, 이 언니 또 술 마시고 왔어!

지구본을 선물하다

누에나방도 잠을 잘까? 그들의 잠은 우리와 개념이 다르다. 활동을 정지하고 치유와 무의식의 세계로 들어가는 동물의 잠과 달리 나방들은 깨어 있는 채로 쉰다고 봐야 한다. 우화하고 하루 이틀이 지나면 나방들은 기지개를 켜듯 저마다 활기를 띤다. 짝짓기를 하는 녀석들은 녀석들대로, 홀로 쉬는 녀석들은 녀석들대로 나름의 방식으로 한살이를 한다.

우화한 나방은 자연으로 돌아갈 때까지 평균 10일을 사는데 4~5일째의 나방이 가장 혈기방장하다. 아침마다 둥지에서 이탈하는 나방의 수가 점점 늘어난다는 뜻도 된다. 둥지를 나와 방바닥에 새초롬하게 나와 있는 건 애교 수준이다. 짝짓기에 실패한 고독한 수컷들은 분노의 뜀뛰기라도 하듯 20~30센티미터씩 날아올라 창문에 붙어 있기도 했다.

하루는 아무리 찾아도 회오리가 보이지 않았다. 회오리는 네 번째로 우화한 수컷이자 가열한 노력에도 불구하고 평생

솔로로 지낸 불운의 누에나방이다. 온 방을 샅샅이 뒤지는 요란한 탐색 때문에라도 날갯짓으로 반응할 법도 한데 회오리의 기척은 없었다. 찾다가 포기한 채 밤이 되었다. 잠들기 전 환기를 하려고 집 안의 창문을 열다가 깜짝 놀랐다. 어떻게 기어올랐는지 녀석이 블라인드의 천장 부분까지 올라가 있었다. 지난밤 아파트 단지에서 새어 들어오는 빛을 따라 거기까지 갔구나라고 추측할밖에.

회오리는 그곳이 마음에 드는 것 같았다. 둥지에서 다른 수컷들이 아무리 날갯짓을 해도 꿈쩍 않고 자리를 지켰다. 나는 회오리가 새 둥지로 삼은 블라인드를 건드리지 않았다. 혹여 떨어지면 위험할 수 있었지만 저렇게 빛이 좋은데, 저렇게 올라갈 수 있는데 그 재미를 빼앗고 싶지 않았다.

그날 이후 방에 들어갈 때마다 회오리가 어디쯤에서 놀고 있는지 확인했다. 녀석은 블라인드를 벗어나 천장 모서리를 향해 가고 있었고 평지보다 힘을 더 써서 그런지 다리가 눈에 띄게 가늘어졌다. 저 정도의 굵기라면 수직 상태에서 오래 버티지는 못할 것이었다. 내일 동이 틀 때 빛을 따라 빠르게 내려온다면 무탈하게 둥지에 귀환할 수 있을 것이다. 나는 블라인드를 한참 올려보다가 조용히 방을 나왔다.

회오리가 블라인드에서 내려온 것은 그로부터도 며칠이 지난 뒤였다. 아침에 가 보니 블라인드 아래 부근에 떨어져 있었다. 다가가 돋보기를 대보니 한쪽 다리가 휘어 있었다. 간밤에 내려주었더라면 이런 불상사는 없었을 것이다. 자책했지만 도리가 없었다. 빛을 좇아 벽을 타고 오르는 본성이 있다면 실족과 낙상은 피할 수 없었다. 본성에 간섭해 억지로 내려놓았다면 나방의 삶에 개입한 것이 된다.

언젠가 한겨울의 화악산 산마루에서 황조롱이의 습격을 받는 박새를 본 적이 있다. 둘 다 겨우내 얼어붙은 산에서 먹이를 찾아 누비다 마주했을 것이다. 손바닥만 한 박새는 맹금류인 황조롱이의 공격을 끝내 피하지 못했다. 돌멩이라도 던져 황조롱이를 쫓아주고 싶었지만 거리가 애매했다. 한여름에는 맹금류에 파 먹힌 족제비의 거죽이 나뭇가지에 걸려 있는 적나라한 풍경도 드물게 만난다. 잡아먹히는 박새와 파 먹히는 족제비를 적극적으로 보호했어야 했을까. 저마다 자기들의 세상 속에서 본성에 따라 살아간다. 인간이라고 다르지 않을 것이다.

조금 더 자세히 보기 위해 루페를 찾아 회오리의 다리를 살폈다. 바닥에 착지해야 할 두 번째 마디가 부러져 아예 몸 밖으로 틀어져 있었다. 그토록 좋아했던 방벽 등반이었는데 이젠 할 수 없게 되었다. 회오리의 몸은 앞으로 나아갈수록 아래로 주저앉았다. 나아가되 나아가지지 않는 이 무참한 반복을 너는 얼마나 하고 있었던 거니. 녀석의 날개가 푸르르 떨렸다.

누에나방의 둥지 이탈은 의외로 빈번했다. 해보는 더욱 황당한 곳에서 발견됐다. 녀석은 회오리를 발견한 다음 날 둥지에서 사라졌다. 다행히 금세 발견됐는데 장소가 뜻밖이었다. 해보는 문밖 장식장 틈새에서 날갯짓으로 자신의 소재를 알렸다. 문틈은 신용카드 한 장이 겨우 스칠 정도로 좁았는데 어떻게 빠져나왔는지 알 수 없었다. 불안한지 해보는 짧은 리듬으로 연신 날갯짓을 했다. 천천히 뽕잎에 태운 뒤 둥지에 내려놓았다. 익숙한 냄새들로 가득한 둥지에 오니 마음이 놓였나보다. 해보의 날갯짓이 느긋하고 길게 울려 퍼지면서 친구들에게 컴백을 알렸다.

지금 와 생각해도 누에 한살이의 매순간은 흥미진진했다. 하나의 생명이 탈피와 변태 과정을 통해 전혀 다른 두 가지 형질을 나타내는 생물은 살면서 처음 보았기 때문이다. 뽕잎을 걷어 먹이며 애지중지 길러낸 애벌레와 툭하면 둥지 밖으로 탈출해 방 안을 돌아다니는 누에나방의 간극은 어마어마했다.

누에나방의 둥지 이탈은 활력과 놀이와 본능이 결합된 행동이었다. 아침에 둥지 밖으로 나와 있는 나방들을 한 마리씩 알은체하면서 하루 이틀이 지나갔다. 이런저런 에피소드들이 추가되면서 나방은 조금의 빛에도 본능적으로 반응한다는 것을 알게 됐다. 누에나방이 고요히 생을 마감하는 동안 날이 밝으면 빛이 들어오는 쪽으로 몸을 돌린다. 빛 속으로 날아갈 듯 활짝 편 날개, 안으로 접어 앉은 세 쌍의 다리, 마지막 숨을 뱉어낸 배를 납작하게 바닥에 붙인 모습은 빛을 향한 숭배 자체다.

며칠 뒤 나는 침실용 램프를 꺼내와 둥지가 있는 방에 놓아주었다. 바다 부분은 검고 대륙에만 은은한 빛이 들어오는 아름다운 지구본 램프였다. 방바닥에 내려놓고 스위치를 올리니 남반구에 위치한 브라질, 호주, 아프리카 주변으로 나방이 하나둘 모여들었다. 녀석들은 램프와 창가, 둥지 등 다양한 곳에서 어둠을 기다렸다가 아침을 맞았다. 또 한 번의 태풍이 한반도를 매섭게 할퀴고 지나간 아침에도 누에의 방은 고요하고 평화로웠다. 머리를 감고 대충 물기만 털어낸 채 누에의 방에 누워 아이스크림을 먹었다.

5부

소멸과 순환의 시간

캠핑, 나를 위한 심폐소생술

한낮에 신호등 아래 서 있는 잠깐 동안에도 뒷목이 따가웠다. 길 건너 카페에 들어가니 딴 세상이다. 달궈진 숨을 뱉어낸 다음 주문한 음료는 뜨거운 아메리카노다. 여름마다 더위와 습기로 고통받으면서도 사계절 중 여름을 가장 좋아하는 이율배반적 취향과 같은 맥락일 테다.

에어컨 바람 아래 뜨거운 커피를 마시고 있자니 불현듯 캠핑 생각이 간절했다. 카페와 비교가 안 되는 청량한 바람이 있는 곳, 끈덕지게 덤비는 습기를 보송하게 날려줄 나무들이 있는 곳, 자연 그대로의 여름을 즐길 수 있는 곳은 내가 아는 한 숲뿐이다. 약속한 친구가 카페 맞은편에 앉았을 때 나는 후텁지근한 도심을 떠나 캠핑할 곳을 알아보는 중이었다. 갈래? 내가 물었고 나보다 캠핑 경험이 많은 친구가 대답했다. 가자!

며칠 뒤 서울에서 두 시간을 달려 마침내 탁 트인 산마루에 도착했다. 평일이라 사람이 거의 없었다. 우리는 텐트를 친 다음 녹음이 울울창창한 숲속에서 천천히 차를 마셨다. 서두를 것은 아무것도 없었다. 친구는 텐트에서 꼼지락거리다가, 나는 상수리나무와 아카시나무에 해먹을 걸고 흔들거리다가 잠이 들었다. 깊은 잠을 잔 것 같았는데 한 시간도 채 지나지 않았다. 부드럽고 시원한 바람이 땀으로 끈적한 목덜미를 씻어주었다. 몸에 들러붙어 있던 습기가 날아가면서 요 며칠 뾰족해 있던 마음이 누그러졌다.

나는 잘 갖춰진 캠핑장에서 아기자기하게 시간을 보내는 캠핑보다 숲 자체에서 즐길 것이 많은 캠핑이 좋다. 나의 캠핑은 투박하고 즉물적이며 단순하다. 지금도 숙련된 편은 아니지만 지금보다 훨씬 더 초보일 때는 1박 2일 캠핑에 배낭이 미어지도록 짐을 쌌다. 차에는 만약을 대비한 물품들을 가득 챙겨갔다. 집에서 보내는 루틴 그대로를 숲이나 산에서 지낼 것처럼 잔짐이 끝도 없었다. 여러 차례 짐을 부리면서 부피가 줄고 효율이 높아졌다.

신나는 일이 숲에 가득한데 구겨진 티셔츠와 떡이 진 머리카락이면 어떠랴. 중요한 건 잘 고른 등산화와 내 몸 상태에 맞춘 기능성 재킷, 눈비와 나뭇가지로부터 체온과 시력을 보호해주는 모자다. 숲에 가면 작은 톱과 칼이 얼마나 요긴한지, 결정적인 순간엔 어째서 그 어떤 착장보다 신발과 장갑이 효자 노릇을 하는지를 알게 된다.

　침대에서 핸드폰을 보다 잠들 때는 내가 얼마나 무모하게 하루를 마감하는지 알지 못한다. 숲에서 자면 나도 모르게 숲에 사는 동식물의 시계에 맞춰진다. 믿을 수 없이 빨리 잠들고 새벽이면 완전한 충전 상태로 번쩍 눈이 뜨인다. 이렇게 부지런할 까닭이 없는데도 새벽 공기의 기분 좋은 질감을 만끽하거나 아무도 없는 숲속을 질리지도 않고 바라보는 것이다. 이곳, 숲에 사는 동식물이 맞이하는 평범한 아침 풍경에 동화되어 나도 모르게 그들처럼 아침을 맞는다. 어쩌면 인간은 인간끼리 살 때 가장 밋밋한 삶을 산다. 호모사피엔스로서 종이 다른 개체들과 같은 공간에서 잠이 들고 아침을 맞았다는 자각은 뇌리에 작지만 선명한 파장을 남긴다. 새의 지저귐, 나뭇잎 사이로 비치는 햇살, 아침 공기에 실려 오는 꽃향기, 풀잎 끝에서 반짝이다 사라지는 이슬이 기억 속에 보석처럼 박힌다. 일상에서 떨어져 있다는 것만으로도 심리적 여유가 생기면서 광활하고 고요한 자연이라는 세계에 몰입하게 된다. 이때 체험하고 감각하는 것들은 일상으로 돌아갈 힘을 준다.

　바리바리 싸들고 가서 낑낑대며 펼쳤다가 다음 날 다시 힘들게 정리해서 돌아오는 짓을 굳이 왜 하느냐고 묻는 사람이 있다. 야외 활동을 즐기는 사람에게 캠핑의 즐거움은 준비부터 해체까지 모든 과정에 있다. 힘을 탈탈 소진하고 돌아올 때의 기분 좋은 방전도 쾌감이 있다. 출발할 때의 기분과 날씨, 현장에 도착했을 때의 기대감이 매번 다르다. 특히 내가 가장 좋아하는 건 돌아올 때의 마음이다. 숲에 머물다 돌아올 때는 일반적인 여행과는 다르게 마음의 공백이 없다. 허탈함 또는 안도감 등 정적인 감정이 아닌 내일의 출근, 눈앞의 프로젝트를 해볼 만한 동적인 마음가짐이 된다. 시동 끄고 집에 간다, 가 아니라 시동을 새롭게 걸고 내일로 나아갈 추진력을 얻는다.

왜 그럴까. 굳이 표현하자면 나는 '호흡'을 위해 숲으로 간다. 캠핑뿐 아니라 반나절짜리 짧은 산행일 때도 그렇다. 답답한 현실에 숨이 막힐 것 같거나 무기력증으로 팔이 무릎까지 내려올 때 숲으로 향하는 일은 스스로에게 처방하는 나의 심폐소생술이다.

해먹에서 조금 더 뒹굴다가 신발을 꿰고 일어났다. 내가 뭘 하려는지 눈치 챈 친구는 나를 향해 손을 흔들더니 엎드려 유튜브 삼매경이다. 산책은 너 혼자 다녀오라는 뜻이다. 나는 텀블러와 손수건을 챙겨 숲으로 이어진 오솔길로 들어섰다. 호젓하게 잘 닦여 있는 숲길을 걷거나 튼튼한 등산화와 고강도 스틱을 채비해 산을 오르는 것도 물론 좋지만 나는 새들이 쉬어가는 풀덤불 또는 비밀스럽게 이어진 오소리의 길을 더 좋아한다. 줄딸기 열매가 루비보다 붉게 박혀 있고 여치가 늘씬한 앞발로 더듬이를 다듬는 곳, 다래 열매가 층층나무를 휘감아 탐스럽게 익어가고 칡덩굴에게 튼실한 가지 한쪽을 빼앗긴 개살구나무가 사는 곳, 온갖 사연이 피어나는 투박하고 오랜 숲을 좋아한다. 산촌에서 자란 것도 아니면서 내 안에는 숲을 향한 갈망이 있는 것 같다.

오늘은 초입부터 국수나무와 싸리가 허리춤의 높이에서 나를 반겨준다. 덥고 습한 여름 오후다. 내 눈은 봉우리 너머에 군락지를 형성하고 있는 거제수나무에서 떨어질 줄 모른다. 어느 겨울에 일행과 이 산에 왔다가 희끗희끗한 눈송이를 가지마다 달고 서 있는 거제수나무 군락지에 마음을 빼앗겼었다. 근처에 합법적으로 비박할 수 있는 곳을 알아낸 나는 겨울에 다시 와야겠다고 다짐했지만 아직 이루진 못했다.

얇고 긴 가지를 우아하게 흔들던 그때의 거제수나무들은 이제 무성한 초록 이파리를 음표처럼 흔들고 있다. 워낙 가지가 잘 흔들리는 탓에 멀리서 보면 간지럼 타며 웃는 것 같기도 하고 즐거이 합창하는 것 같기도 했다. 이 나무들은 바람이 부는 대로 흔들리고 새들이 이끄는 대로 휘어진다. 시종일관 우아한 가지를 흔들며 웃는다. 여유를 부리는 데에는 다 이유가 있다. 빼곡한 거제수나무는 전나무처럼 강고하게 뿌리로 연대해 서로를 붙잡아준다. 때문에 키가 제아무리 커도 흔들릴지언정 휘어져 부러지지 않는다. 나무건 그 무엇이건 맨 아래에서부터 응집하는 에너지를 감당할 수 있는 건 없다.

땀도 식힐 겸 길가 그루터기에 앉았다. 누구의 방해도 받지 않고 호젓이 숲에 앉아 있는 이 시간을 무엇과 비교할 수 있을까. 이따금 이름을 알 수 없는 새소리가 울려퍼진다. 처음 들어보는 소리다. 짝을 이루려는지 제법 분주하다. 높다란 나뭇가지 사이에서 솟구쳐 올랐다가 하늘가로 사라지는가 싶더니 굵은 가지에 내려와 아름다운 노랫소리를 들려주었다. 한동안 지치지도 않고 서로를 희롱하더니 마음이 맞은 건지 두 마리 모두 사라져버렸다. 좋을 때다, 나도 모르게 마음의 소리가 튀어나오고 말았다. 혼잣말에 민망해하고 있을 때 친구의 메시지가 정적을 깨주었다.

내려와. 밥 먹자.

간단하게 저녁을 먹고 준비해 간 와인을 땄다. 오이와 크래커와 치즈면 안주로 훌륭했다. 나는 친구에게 요새 푹 빠져 있는 누에나방 이야기를 했다. 친구는 사려 깊은 귀를 가졌다. 내 얘기를 흥미롭게 들었고 진심으로 누에나방의 안녕을 응원해주었다. 신이 난 내가 사진을 보여주자 애벌레에는 윽! 누에나방에는 귀여워! 상반된 반응을 보였다.

밤이 깊어가고 무수한 별들이 머리 위까지 내려와 반짝였다. 산을 둘러싼 공기가 달착지근했다. 텐트 옆에 걸어놓은 램프 주변으로 나방이 몰려들었다. 타 죽을까 봐 너무 가까이 가지 않았으면 좋겠다고 생각했지만 인공 불빛을 달빛으로 착각하는 것은 나방의 잘못이 아니다. 밤을 이기려고 사방에 불을 밝히는 인간 때문이다. 마침 졸음이 몰려와 램프를 끄고 나방을 밤의 숲으로 돌려보냈다.

나는 아침형 인간이 될 수 없는데도 밖에만 나오면 일찍 눈이 떠진다. 하여 새벽에 혼자서 전망대에 다녀왔다. 간만에 숙면했다는 친구의 얼굴이 에스테틱을 다녀온 것처럼 반짝였다. 탁 트인 산마루에서 느긋한 아침을 먹고 서울로 차를 몰았다. 짧은 콧바람을 쐬었으니 코앞의 여름을 잘 버틸 수 있겠지.

집에 돌아오자마자 둥지부터 살폈다. 토마스, 해보, 몽쉘, 회오리, 막냉이, 소피, 동백이까지 안녕한데 술래만은 그렇지 않았다. 알을 낳은 뒤로 짝짓기에 관심이 없어진 술래에게 유독 해보가 관심을 보였었다. 그런 해보의 구애를 따돌

리려고 꽁무니를 하늘 높이 치켜드는 모습을 본 게 어제 아침이었는데 오늘 보니 배가 아래로 축 처져 있다.

싫어하는 줄 알지만 상태를 살피기 위해 어쩔 수 없이 손가락을 날개 근처에 대 보았다. 술래가 앞발로 더듬이를 쓰다듬으며 반응을 해주었다. 그 참에 술래의 페로몬이 퍼졌는지 휘청거리는 다리를 주체하지 못하면서도 토마스가 다가왔다. 매력 발산의 날갯짓과 꽁무니 시도, 하지만 어필도 적중률도 턱없이 낮았다. 술래는 다리에 단단히 힘을 준 채 마지막 힘을 다해 꽁무니를 치켜 올렸다. 토마스의 휘청거리는 다리로는 술래의 철벽을 넘을 수 없었다. 토마스가 주변에서 사라지자 술래는 그제야 꽁무니를 내려놓고 몇 걸음 움직였다. 안식처를 찾은 술래의 배가 눈에 띄게 아래로 처졌다. 몸을 지탱할 힘이 없는지 다리가 제멋대로 흔들렸다. 술래는 그늘진 모서리에 자리를 잡고 간간이 배를 떨면서 가쁜 숨을 쉬었다. 소란을 싫어하고 한가로운 혼자만의 시간을 좋아했던 술래는 마침내 길고 긴 혼자만의 시간 속으로 조용히 들어가고 있다.

나방들이 우화한 지 일주일이 지나자 둥지를 이탈하는 비율도 차츰 줄어들었다. 다리에 힘이 빠져 둥지 밖을 나가는 것도 힘에 부치는 것 같았다. 그저 둥지 안쪽 벽을 오르거나 기어서 방바닥으로 나오는 시도뿐이었다. 녀석들은 전체 삶의 80퍼센트를 소진하고 있었다. 토마스와 회오리처럼 아름다운 미백색 날개가 빛바래거나 찢어진 녀석도 있는가 하면 해보와 소피, 막냉이는 처음 나올 때의 자태를 그대로 간직한 채였다. 알을 뱃속에 품은 채 산란을 하지 못하고 있는 술래는 예민함이 극도로 심해져 누가 근처에만 가도 몸을 위축했다. 알을 다 낳은 소피는 짝짓기에도 유연했다. 둥지에는 세 마리가 짝을 바꿔가며 짝짓기 중이었고 동백이는 조용히 혼자서 놀았다.

시간이 갈수록 누에나방들의 활동량이 줄어갔다. 서서히 생을 마쳐가고 있다는 뜻이었다. 나는 서글픔을 감추기 위해 일부러 방의 조명을 환하게 켜서 녀석들의 감각을 일깨우곤 했다. 갑자기 쏟아지는 빛의 홍수에 나방들의 날개가 홧홧 홰를 쳤다. 여전히 밤에는 램프를 켜두었다. 한살이의 끝을 향해 가는 녀석들의 여정에 빛을 보태고 싶었다.

공기가 습기를 잔뜩 머금어 나방들의 날개마저 처지던 어느 날 처음 보는 자세로 누워 있는 누에나방을 보았다. 고치부터 짝짓기까지 모든 과정에서 빨랐던 토마스였다. 녀석은 날개를 세운 채로 다리를 앞으로 모으고 바닥에 모로 쓰러져 있었다. 그 하찮은 최후가 너무 서글퍼 가슴이 죄어왔다.

친구들이 모여 있을 땐 뭘 어떻게 해야 할지 몰라서 혼자
숨어 있곤 했는데, 내가 친구들을 싫어한 거라고
오해하지 않았으면 좋겠어. 나는 알을 낳는 일이 너무
힘들었는데 그럴 때마다 친구들이 보내오는 다정한
날갯짓이 위로가 되었지. 알이 또 나오려는 걸까?
왜 이렇게 숨이 찰까? 자꾸만 배가 내려앉아. 내 몸에
무슨 일이 일어나고 있는지 누가 말 좀 해줄래?

나방의 소멸

여름의 한복판에서 누에나방들은 마지막을 준비하고 있었다. 나방들의 다리는 실처럼 가늘어졌고 더듬이를 단장하는 횟수도 줄었다. 다리에 힘이 없어 좋아하는 벽 타기를 할 수 없게 된 나방들은 둥지 안을 서성이거나 지구본 램프 아래 머물렀다.

몽쉘은 저물어가는 생의 시간 속에서 빛을 따라 창 아래까지 걸어 나와 있었다. 녀석은 둥지 밖이 마냥 좋은 것 같았다. 토마스나 회오리처럼 둥지의 벽이나 창문을 기어오르지 않았다. 체급으로만 치면 며칠이고 벽에 달라붙어 아찔한 벽뷰(view)를 만끽했을 텐데도 대지의 평온을 선호했다. 몽쉘의 산보는 반경 1미터를 벗어나지 않았다. 아침에 가 보면 어젯밤의 위치에서 조금 더 움직였고, 다시 가 보면 또 그만큼만 나아갔다. 나의 보폭으로 두 걸음이 몽쉘의 최대치 산보였다.

몽쉘이 둥지 밖에서 생에 얼마 남지 않은 산보를 즐기는 사이 둥지 안에는 주검이 된 토마스가 나를 기다리고 있었다. 토마스의 한살이는 개척자의 현신이었다. 뽕잎을 잘 먹어 무럭무럭 몸을 키웠고 가장 먼저 5령으로 자라 커다란 고치를 만들었다. 열나흘 만에 고치를 찢고 1등으로 나온 것도 토마스였다. 술래와의 짝짓기에는 실패했지만 다른 암컷들과 무사히 종족번식의 소명을 다했다. 본능에 충실했던 만큼 세상에 뿌려야 할 페로몬의 양도 많았는지 구애의 횟수만큼 날갯짓이 끊이질 않았다. 눈을 감는 순간에는 날개의 비늘이 다 떨어져버린 채였다.

나는 이제는 나방이라기보다 바스러진 낙엽 조각 같은 토마스를 한참 바라보았다. 집게로 날개를 조심스럽게 들어올렸다. 숨은 멈추었어도 생명체로서의 존엄은 남아 있을 터였다. 비늘이 빠져 볼품없는 날개와 가지런히 모은 다리, 시력이 없는 검은 눈이 내게 향해 있었다.

냉장고에서 크고 빳빳한 뽕잎을 꺼내 토마스의 사체를 올려놓았다. 녀석은 빗자루 같은 날개를 세워 모로 누운 채였다. 실보다 가늘어진 다리를 살며시 세워주었다. 신선한 뽕잎 표면의 미세한 털이 토마스의 다리를 붙들어주었다. 뽕잎 위에 날개를 접고 선 토마스는 생전 마지막 모습과 다를 바 없었다. 이튿날 아침, 나는 또 한 마리의 누에나방을 뽕잎에 올려놓아야 했다.

⟨✿⟩

술래는 고치에서 가장 먼저 나온 암컷이었고 해보, 토마스와 짝짓기한 뒤 자신의 고치 근처에 200여 개의 알을 낳았다. 나는 알을 낳는 암컷 나방의 모습이 얼마나 숭고한지 술래를 통해 알게 되었다. 정확한 간격을 두고 꽁무니를 좌우로 움직여 둥지 표면에 알을 붙인 뒤 어느 정도 고치의 면이 채워졌다 싶으면 방향을 움직여 또 그만큼의 알을 낳았다. 배를 한껏 부풀린 다음 꽁무니를 흔들면 쌀눈 크기의 노란 알이 퐁 하고 나왔다.

알을 낳은 술래는 수도승처럼 둥지 한쪽에서 고요한 시간을 보냈다. 생존신고라도 하듯 이따금 날갯짓을 했지만 더듬이를 다듬는 모습은 거의 보지 못했다. 부여받은 페로몬을 다 소진한 것일까. 적막강산의 둥지 라이프를 보내던 술래에게 말년의 비극이 찾아왔다.

술래의 첫 짝짓기 상대였던 해보는 아직 본능의 명령이 유효했다. 자기 자리에 죽은 듯 있던 술래가 무슨 일인지 더듬이를 다듬어 단장하자, 주변에 있던 해보가 득달같이 신호를 감지했다. 더듬이 단장은 페로몬 발산뿐 아니라 후각을 발동시키는 역할도 한다. 쇠잔한 몸에서 나오는 술래의

행동이 번식의 의지가 아니라 단순한 몸단장이었다 해도
그 메시지는 해보에게 다르게 전달되었다. 곧 맹렬한 구애
가 시작됐다.

둘의 실랑이는 곧 싸움으로 번졌고 술래는 날개를 위협
적으로 펼치며 해보를 물리려 했지만 마음이 급한 수컷은
한 치의 양보도 하지 않았다. 해보는 작은 몸집에 행동이 잽
쌌다. 마냥 웃는 낯으로 나를 웃음
짓게 했던 유충 시절이 가늠되지
않을 정도로 성충이 된 해보는 유
전자의 명령에 맹종했다. 끝내 술래
의 앞다리가 해보의 날갯짓을 방어하
다 부러지고 말았다. 이러다 한
마리가 죽겠다 싶어 뽕잎을 꺼내
온 직후에 일어난 참변이었다.

아직 나오지 못한 알이 술래의 뱃속에 남아 있었다. 술래
로서는 알을 더 낳을 환경을 찾아 후각을 발동한 것일지도
몰랐다. 뽕잎에 실려 둥지 밖으로 유배된 해보는 따지고 보
면 죄가 없었다. 영문도 모른 채 분에 찬 날갯짓을 하던 녀
석은 페로몬의 마법에서 풀려나 다시 의기소침해졌다.

문제는 해보에게 치명상을 입은 술래였다. 곤충의 경우
앞다리가 부러지면 감각의 30퍼센트 이상을 소실하는 셈이

다. 주변의 냄새를 맡거나 자신의 존재를 알리는 일이 어려워진다. 생의 감각이 떨어진 생물은 그렇지 않은 경우보다 죽음에 이르는 시간이 짧아지는 게 이치다. 술래가 있는 자리는 녀석의 아름답고 넓은 날개에서 떨어진 비늘로 어지러웠다. 둘 중 어느 한쪽도 의도는 없었다. 악의도 없고 선의도 없었다. 비정한 본능의 세계, 이기적인 유전자의 명령만이 있을 뿐이었다.

그날 밤 술래는 쉼 없이 날개를 떨었다. 날개의 경련에 따라 술래의 몸도 떨렸다. 술래는 구부정하게 머리를 수그린 채 천천히 죽어갔다. 술래와의 공방은 해보에게도 상처를 남겼다. 날개의 비늘이 대폭 줄어들어 날갯짓을 할 때마다 거칠고 메마른 소리가 났다. 둥지의 벽을 타고 내려가기까지 오랜 시간이 걸렸다. 어슴푸레한 빛을 따라 해보는 다리를 휘청거리며 걸었다. 그러고는 우뚝 서서 길게 날갯짓을 하더니 잠든 것처럼 세상을 떴다. 이날부터 뽕잎 위에는 여덟 마리의 누에나방이 차례로 줄 서듯 세워졌다. 이 시기의 나는 슬픔의 강물에 잠겨 몹시 우울하고 또 우울했다.

누에나방의 삶은 짝짓기로 시작해 짝짓기로 끝난다. 아침이면 둥지에 모로 쓰러진 누에나방을 만난다. 처음엔 며칠에 한 번이었다가 나중엔 한 번에 두어 마리가 생을 마쳐 있기도 한다. 한 세상 살다가 목숨을 다한 것에는 그 무엇에게

라도 목숨값에 대한 예우를 다해야 한다. 조심히 날개 두 쌍을 집어 뽕잎 위에 올려둔다. 누에들은 비슷하게 태어나 앞서거니 뒤서거니 비슷하게 생을 마감한다. 와중에 수컷 솔로들은 짝짓기 중인, 그러나 이제 힘이 빠져 날갯짓으로 물리칠 기운이 없는 암컷 옆에서 죽는다. 솔로 수컷이 미진하게나마 암컷의 페로몬에 감싸여 있을 때가 다른 수컷과 짝짓기 중인 암컷 옆에서 죽는 순간이라는 아이러니. 짝짓기의 역설은 또 있다. 짝짓기 도중 상대가 죽으면 암컷은 미련 없이 돌아서고 수컷은 제 숨이 떨어지지 않는 한 마지막 순간까지 상대에게서 몸을 빼지 않는다.

술래와 해보의 치열한 생이 끝났다. 나방 몇 마리 죽었을 뿐인데 심장이 뻐근하게 아파왔다. 마음이 어지러울 때 자주 그랬던 것처럼 서점에 들러 이것저것 책을 들추며 반나절을 보냈다. 다른 점이 있다면 목적 없이 가벼운 마음으로 코너를 돌아다녔던 이전과 달리 나방이나 누에 관련 코너에서 책들을 뒤지고 있다는 것이다.

　누에의 존재 가치는 인간에게 어떤 이득을 주는가에 따라 매겨졌다. 과거에는 살아 있는 고치를 삶아 실을 뽑았고 현재는 다 자랄 때까지 키운 다음 찌고 말린다. 전국 450여 곳의 전문 양잠농가에서 누에를 친다. 농촌진흥청 산하의 농가에서는 보다 효과적인 건강기능식품을 만들기 위해 유전적 혈통에 따라 다양한 상품개발이 이뤄지고 있다. 담담하게 책장을 넘겼지만 감정이 동요하기 시작했다. 해보와 토마스와 술래가 쪄지고 말려져 가루가 되는 상상은 고통스러웠다. 누에나방이 야생에서 생존할 확률에 대해 물었을 때 한 곤충학자가 내게 해준 말이 생각났다.

"누에나방이 야생 환경에 놓인다면 멸종까지 그리 오래 걸리지 않을 거예요."

자연계에서 차지하는 학술적 의미도 턱없이 작다는 말도 덧붙였다. 누에가 멸종한다고 해도 큰 틀에서는 생태적 이슈가 낮다는 것이다. 자연 속에서 생태적으로 살아가는 존재가 아니라 사업성을 위해 인간에게 길러지는 개체군이다 보니 분류상 그렇다는 얘기다. 어떻게 들어도 내겐 쓸쓸한 이야기가 아닐 수 없었다. 내가 매해 여름마다 누에를 기르게 될까. 한 철이 채 가기도 전에 소멸하는 작고 하찮고 사랑스러운 것들과 인연을 잇게 될까? 아직은 모르겠다. 집에 돌아온 나는 손을 씻고 둥지부터 살폈다.

우리 조상의 입에서 나온 실로 가야금이라는 악기가
나왔대. 태양과 비바람에 5년은 족히 말린 오동나무와
누에고치 실이 만나 우륵의 가야금이 탄생한 거라고. 일의
시작이라는 뜻의 '실마리'도 우리로부터 나왔지. 옛날엔
고치의 실마리를 잘 찾는 사람만이 누에치기 전문가라고
불릴 수 있었어. 우리는 오랫동안 사람들 가까이에서
친근하면서도 귀한 대접을 받아왔다 이 말이야.

누에의 시간

막냉이와 소피는 잠시 떨어졌다가도 다시 만나면서 둥지의
나방들 가운데 가장 긴 시간 동안 짝짓기를 했다. 어느 저녁
이었다. 소피의 배가 바닥에 납작하게 깔려 있었다. 아름다
운 날개는 여전히 활짝 편 채였다. 어디로 갔는지 막냉이가
보이지 않았다. 늦은 밤 한쪽 구석에서 날갯짓하는 막냉이
를 발견했다. 이날은 뽕잎 헬리콥터를 태우지 않았다. 막냉
이를 기다릴 소피가 더 이상 그곳에 없었기 때문이다.

　동백이는 긴 시간에 걸쳐 산발적으로 알을 낳았다. 술래
가 방사형으로 아름다운 알 무더기를 만든 데 반해 동백이
는 자유분방했다. 알을 다 낳고 나서는 더듬이를 다듬으면
서 페로몬을 발산했지만 수컷들은 이미 기력이 쇠했거나 둥
지 밖을 나가버렸거나 다른 암컷에게 구애를 하고 있었다.
그래서 동백이는 오랫동안 둥지 한가운데에 홀로 있었다.

　천장에서 떨어져 다리에 큰 부상을 입은 회오리는 그럼에

도 밤사이 인간의 걸음으로 한 발짝이나 전진해 있었다. 상처 하나 없이 깨끗한 날개를 곧게 펴고 더듬이를 곧추세웠지만 떨리는 다리는 그의 시간이 얼마 남지 않았음을 알려주고 있었다. 나는 회오리를 뽕잎에 태워 블라인드 아래 햇빛이 찬란히 부서지는 곳에 데려다 놓았다. 회오리가 매혹되곤 했던 출발점이었다. 이파리 위에서 중심을 잡으려고 다리를 움직일 때마다 사각사각 소리가 났다.

녀석들이 여전히 유일무이한 먹이이자 기주식물인 뽕잎을 익숙하게 생각할 것이라는 건 순전히 나만의 추측이다. 이 추측이 제발 맞았으면 좋겠다. 내 집에 함께 있는 이상 인간의 개입이 불가피할 때마다 뽕잎은 나의 손, 나아가 나의 마음을 대신한 중요한 도구였다. 회오리가 오늘밤을 넘길 수 있을까. 녀석이 흔들리는 다리로 졸고 있는 이 순간만큼은 온전히 평화롭게 보였다.

넉 달 동안 한 달에 한 차례 주말생태학교에 가기로 했다. 한 달에 고작 주말 이틀을 헌납하는 것인데 이상도 하지. 수업 기획부터 준비까지 수업이 있는 한 주 내내 빠듯했다. 그러다 보니 둥지를 살펴볼 틈도 없이 며칠이 지났다. 다행히 아직까진 둥지로부터 부고는 들리지 않고 있다.

몽쉘의 하염없는 산보와 회오리의 투지가 가장 마음에 걸렸다. 몽쉘은 지구본 램프 아래에서 숨고르기를 하는 것 같았다. 가만히 서 있기도 힘들 만큼 휘청이는 다리로 산보는 더 이상 무리였다. 신기한 것은 그렇게 힘들게 서 있다가도 하룻밤이 지나면 인간의 한 걸음만큼 씩씩하게 걸어 저만치에 가 있곤 했다. 아마도 자기들이 달빛이라 믿는 작은 빛을 따라가는 것일 텐데, 교교하고 은은한 달빛은 인간의 마음만 일렁이게 하는 것이 아니라 죽어가는 누에나방을 움직이게도 했다.

해보와의 혈투에서 입은 다리골절로 생을 마감한 술래와 달리 회오리는 꺾인 다리로도 며칠을 더 버텨냈다. 회오리는 남은 다섯 개의 다리로 조금씩 방향을 틀어가며 쏟아져 들어오는 빛을 수혈했다. 녀석의 감각도 잘 발동되고 있었다. 내가 코앞으로 다가가면 회오리는 괴물체의 출현에 바짝 긴장했다. 앞발로 더듬이를 다듬으며 기류를 감지하고 굳이 몸을 틀었다. 나 아직 말짱해 라고 말하는 것 같았다. 녀석은 거의 모든 시간을 쉬면서 보냈다. 가끔 방에 불이 환하게 켜지면 힘없이 처져 있던 날개를 들어 팟팟 소리를 내며 나를 반겨주었다. 며칠이 지나자 회오리는 거의 움직일 수 없게 되었다. 나는 부상으로 죽음의 오라에 결박당한 누에나방의 시간에 몰입되었다.

'저것은 제 죽음을 예감할 리 없다. 저것은 제 삶에 지금 무슨 일이 일어나고 있는지 알지 못한다. 저것은 어쩌다 제

가 이렇게 되었는지 알지 못한다. 저것은 불행하지 않다. 고로 저것은 삶에 충실하다.'

오히려 녀석의 죽음을 기다리고 있는 건 나라는 생각이 들었다. 어떤 힘이 이다지도 길게 생을 버티게 하는지, 무엇이 녀석의 삶을 무위와 고통 속에서도 끌어가고 있는지 알고 싶었다. 잠시 후 녀석의 더듬이가 불안정하게 흔들렸다. 아래로 떨어지려는 고개를 주억이며 날개를 파르르 떨었다.

죽어가는 녀석 앞에서 내가 할 수 있는 것은 아무것도 없었다. 먹먹한 기분이 되어 뽕잎으로 전해지는 파동만 노려볼 뿐이었다. 작게 요동치던 고개가 움직임을 멈추었지만 아직도 날개의 떨림은 계속되고 있었다. 죽음의 터널로 가는 긴 준비를 마치고 회오리의 시간은 그날 밤 영원히 멈췄다.

애벌레 시절 회오리의 존재감은 미약했다. 동그랗게 몸을 말고 있는 모습을 본 찰나가 내가 처음으로 회오리에게 개성을 부여한 순간이었다. 친구들이 고치를 틀기 위해 실을 뽑아내며 둥지를 돌아다닐 때도 태평하게 잠을 자다가 거의 막바지에 작은 고치를 만들어 번데기가 되었다. 우화하고 나서는 짝짓기 본능보다 벽에 오르는 일에 전념한 걸 보면 그 짧은 삶도 회오리치며 자기만의 구심력으로 살다 간 것은 아닐까.

다음 날 몽쉘이 지구본 램프의 황금색 받침대 옆에서 쓰러진 채 발견됐다. 밤새 가장 넓게 퍼지는 빛을 따라 세상 구경 한번 잘했기를. 나는 짧은 묵념과 함께 뽕잎 위에 몽쉘을 올려놓았다.

어느덧 나방들이 차례로 죽음을 맞았다. 엄청난 데시벨로 둥지를 들었다 놨다 했던 날갯짓 소리가 점점 작아지다가 어느 날 뚝 끊겼다. 행복한 파티가 끝나고 사람들이 쑥 빠져나간 것처럼 마음에 구멍이 뚫렸다. 시끌벅적하게 둥지를 이탈하는 누에나방들을 뽕잎에 태워 둥지에 넣어주던 아침들이 생각난다.

마치 사람처럼 나방들도 생의 끝을 향해 갈수록 각각의 특성이 두드러졌다. 토마스는 거칠었고 해보는 집요했다. 술래는 끝내 알을 품고 죽었다. 몽쉘은 선비 같았고 회오리는 아웃사이더더였다. 소피는 여제처럼 우아했으며 막냉이는 누구에게나 사랑받는 인싸였다. 그리고 흰둥이는 포기를 모르는 작은 용사였다. 함께 지내는 동안 각각의 누에나방을 애벌레 시절과 연관시켜 보는 애틋함과 행복감을 어떻게 말로 다 설명할 수 있을까.

동백꽃이 눈밭에 떨어지듯 둥지에 떨어진 동백이는 몸집이 작았다. 고치에서 나올 때 한쪽 방향으로만 빠져나온 탓에

내가 기억하는 생애 첫 순간은 어둠 속에서 갑자기
쏟아지던 빛 세례였어. 동그란 출구를 따라 세상으로
첫발을 내딛던 때가 아직도 생생해. 따뜻하고 날카롭고
광폭하고 다정하고 잔혹하고 아름답고 서글픈 어떤 것.
얼마나 무섭던지 주저앉아 울고 싶었어. 지금 나는
그때와 똑같은 기분이야. 회오리, 침착해. 이제 내가 뭘
할 차례지?

날개 역시 한 방향으로 말려 있었다. 내 눈에는 그 모습이 살짝 뻗친 단발머리를 한 소녀처럼 귀여웠다. 망망대해의 섬처럼 둥지 한가운데 있던 동백이에게도 생의 마지막을 장식하는 뜻밖의 사건이 펼쳐졌는데, 아직 동백이는 그 조짐조차 알지 못한 채 날개 달린 땅콩처럼 둥지에 엎드리듯 쉬고 있다.

소피의 배가 바닥에 납작하게 깔리면서 세상과 하직 인사를 하고 얼마 지나지 않아 섬처럼 고요하던 동백이가 움직이기 시작했다. 둥지 밖에 있던 몽쉘까지 세상을 떠난 뒤라 세상에는 막냉이와 동백이 둘뿐이었다. 각각 우화 7일과 10일에 접어들었다. 동백이는 이미 생의 끄트머리에 와 있었고 막냉이 역시 노년에 다가서고 있었다. 독수리처럼 홰를 치던 날개는 힘이 빠지고 다리 굵기도 몰라보게 가늘어졌다.

놀라운 것은 동백이였다. 갑자기 더듬이를 연신 다듬으면서 페로몬을 발산하기 시작했다. 소피를 잃고 구석에 있던 막냉이가 동백이를 찾아왔다. 둘은 이따금 따로 있다가 다시 만나 짝짓기하기를 반복했다. 이즈음 막냉이의 아침 인사는 위풍당당 거실에서 이뤄지는 대신 가느다란 다리를 떨면서 둥지 내벽에서 약소하게 진행됐다. 녀석은 세 걸음에 한 번씩 앞발에 힘을 잃고 미끄러졌다. 그러면서도 동백이 근처를 벗어나지 않았다. 예감대로라면 동백이의 시간은 끝

둥지 밖에 나가면 재밌는 거 되게 많아. 다리가
황동색으로 감싸진 램프도 있고 하루 종일 달이 비치는
투명한 창가도 있어. 가끔 뜨거운 손가락이 말을 거는데
귀찮긴 해도 나쁜 사람은 아니야. 동백아, 내 말 듣고
있니?

나가고 있었다.

그날 오후 무렵 찾아간 막냉이를 동백이가 맞아주었다. 다리에 지탱할 힘이 없어 보이는데도 둘은 둥지 내벽에 붙은 채 시간을 보냈다. 그날 밤은 늦게까지 잠이 오지 않아 거실로 나와 둥지를 들여다보았다. 막냉이와 동백이는 이따금 힘없이 날갯짓을 했다. 생의 끄트머리에 다다른 한 쌍의 노래가 둥지에 서글프게 울려 퍼졌다.

굿바이 막냉이

바로 그때 동백이의 몸이 막냉이로부터 분리됐다. 세상에 나올 때 그랬던 것처럼, 무심한 중력에 기대어 한 떨기 꽃이 떨어지듯 바닥에 톡 떨어졌다. 동백이가 바닥에서 날개를 떨고 있는 사이 막냉이가 비틀거리며 벽에서 내려왔다. 나는 날개의 수평을 잃고 넘어지는 암컷의 날개를 살며시 일으켜주었다.

집요한 수컷들 중 어떤 녀석은 암컷의 상태보다 제 본능을 앞세웠지만 막냉이는 달랐다. 제대로 몸을 가누려고 애를 쓰는 암컷에게 다가온 막냉이는 앞발로 동백이의 얼굴을 만졌다. 이후로도 막냉이는 동백이의 옆에 붙어 더듬이만 다듬을 뿐 짝짓기를 위해 꽁무니를 올리거나 날갯짓을 하지 않았다. 수컷이 암컷에게 짝짓기 대형으로 다가가지 않은 광경은 처음이었다.

이윽고 동백이는 더 이상 버티기 힘들다는 듯 앞발을 내리고 주저앉았다. 녀석의 얇고 아름다운 네 장의 날개가 힘없이 떨렸다. 막냉이는 그런 암컷 옆에서 움직이지 않았다. 막냉이가 동백이가 죽어가는 순간을 어떤 감각으로 느끼고 있는지 추측할 수 없었다. 숨죽인 시간이 수십여 분 흘렀을 즈음 동백이의 배가 꽃잎처럼 가볍게 땅에 내려앉았다. 동백이의 모든 움직임이 멎었고 이생의 시간도 끝이 났다. 오전 두 시. 우화 13일째 날이었다.

그 새벽, 동백이가 죽자 막냉이는 한참이 지나서야 느릿느릿 몸을 돌렸다. 둥지 한쪽에는 우화한 누에나방들이 낯설어 할까 봐 애벌레 시절의 뽕잎을 치우지 않고 쌓아둔 더미가 있었다. 막냉이는 비스듬히 놓인 뽕잎에 몸을 붙였다. 보기에 따라 뽕잎에 몸을 숨긴 것처럼 애잔했지만 어디까지나 나의 시선일 뿐이다.

곧 동이 트고 거실이 밝아올 텐데, 막냉이는 이번에도 달빛인 양 반가이 움직이려나. 친구들이 모두 떠난 방에 홀로 남은 막냉이가 시리도록 안쓰러웠다. 뽕잎에 몸을 숨긴 막냉이의 마지막 모습이 머리에서 떠나지 않았다. 뒤척이는 사이 시나브로 잠이 찾아왔다.

눈을 뜨자마자 둥지를 찾았다. 막냉이를 찾는 일은 어렵지 않았다. 새벽까지도 작은 뽕잎에 매달려 있던 막냉이는 배냇 뽕잎 위에 올라앉아 있었다. 내가 태워주기 전에 스스로 올라간 것은 처음 있는 일이다. 거기에 굳이 왜 올라가 있는 것일까. 의구심이 채 가시기도 전에 나는 직감했다. 등줄기가 서늘하면서 심장이 빠르게 뛰었다. 처음 세상에 나왔던 모습 그대로, 아침이면 내가 태워주던 헬리콥터용 뽕잎 위에서 막냉이는 죽어 있었다. 금세 왱왱왱 솟구칠 것처럼 잘생긴 날개, 내가 장난을 걸 때마다 쉴 새 없이 움직이던 더듬이는 다소곳이 멈춰 있었다.

오늘 아침 이 뽕잎을 타고 막냉이는 어디로 가고 싶었던 것일까. 신나게 거실에서 놀다가 이걸 타고 친구들을 만나러 돌아오던 순간들을 기억하고 있었을까. 한낱 나방 하나 죽었을 뿐인데 슬픔의 크기가 너무 컸다. 이후 내 머릿속에는 막냉이의 장난기, 위풍당당한 날갯짓이 생생하게 각인되었다.

뽕잎 위에는 살아 있던 때와 변함없는 모습의 나방들이 꼭 붙어 놓여 있었다. 새 뽕잎을 여러 장 포개어 종이끈으로 묶었다. 누에나방이 자연 속으로 완전히 소멸할 수 있도록 뽕잎과 천연 종이 외에는 어떤 것도 사용하지 않았다. 매일 오르는 집 앞 산책로 가장 높은 곳, 흰둥이 바로 옆에 땅을 파고 나의 여덟 마리 누에나방을 묻었다. 멜론만 한 크기의 돌을 무덤 위에 비석처럼 내려놓는 순간 누에나방과 함께한 나의 소중한 시간이 비로소 막을 내렸다.

여름이 물러갈 즈음 노랗고 검은 은사시나무의 이파리들이 나방들과 애벌레의 무덤 위로 떨어졌다. 아침마다 일부러 그곳을 돌아 산책을 한다. 다섯 개의 돌이 병정처럼 에워싼 그곳에서는 지금 이 순간에도 나의 누에나방들이 먼 곳으로 소멸하는 여행을 떠나고 있을 것이다.

이걸 타면 늘 둥지로 데려다줬으니까, 다시 한번 데려다

달래야지. 얌전히 기다리면 달이 뜨고, 또 뜨거운

손가락이 나타나서, 나를 데리고, 또….

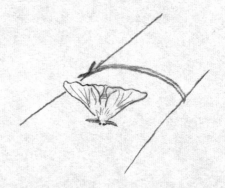

미물, 숲의 시작과 끝

비가 그친 숲은 온갖 냄새로 가득 차 있다. 나무와 흙, 햇빛과 공기만으로 숲이 이토록 다양한 층위의 향기로 채워진다는 것이 놀랍다. 식물은 외부 자극에 예민해서 조금만 건드려도 독해지는데, 그들의 독소는 우아하기 짝이 없게도 다양한 향기물질이다. 식물에게는 자연의 모든 것이 자극이다. 계수나무는 가을 내내 달콤하게 잎을 볶는다. 숲길을 걷다가 불현듯 달고나 냄새가 진동한다면 근처에 계수나무 노란 잎이 흔들리고 있는 까닭이다. 동글동글 귀여운 하트 모양의 잎은 가을 동안 노랗게 물들면서 단내를 풍긴다. 향기에 반해 한입 물었다간 훅 들어오는 쓴맛을 주의해야 한다. 사람들은 달콤하게 시작해 이별의 쓴맛을 남기는 첫사랑을 계수나무에 비유하곤 했다.

길을 걷다가 나도 모르게 오래된 노래가 흥얼거려질 때, 약속 없이 집을 나선 주말 오후의 호젓한 카페에서, 보도블

록에서 성급하게 익은 노란 잎을 볼 때, 열어놓은 창문으로 달콤한 달고나 냄새가 들어올 때 우리는 가을의 전보를 받는다. 어느 저녁에는 바람이 얼굴을 바꾸고 찾아온다. 친구들과 저녁을 먹고 식당을 나서다가 어라? 하고 놀란다. 누가 말을 걸고 지나간 것 같은데 흔적은 없다. 다만 나무 타는 냄새와 늦은 밤 나란히 걷던 그림자와 비밀스러운 귓속말 같은 것들이 솟구쳐 그리워진다.

추억은 막상 사라지고 없는 것 같아도 계절이 바뀔 때마다 한층 도드라지게 소환된다. 여름 동안 땀내 풍기며 휘적거리던 두 팔을 끌어안아 맨살에 머문 찬 공기를 떨쳐낸다. 가방에 넣어온 카디건을 어깨에 걸치며 바람이 보내온 전보를 받는다. 가을이 막 당도했단다.

나는 빗물이 고인 작은 웅덩이를 풀쩍 뛰어넘어 두 갈래로 갈라진 길 앞에 선다. 이른 아침이지만 벌써 아침 산책을 마치고 내려오는 부지런한 사람도 있고 입구의 근린시설에서 기구운동을 하는 어르신도 두엇 계신다. 이웃들의 활기찬 아침 풍경을 뒤로하고 산책로가 아닌 좁고 울퉁불퉁한 산길로 들어선다. 바닥에는 누렇고 발갛게 익은 나뭇잎이 군데군데 떨어져 있다.

가지에 매달려 있을 때도 예쁘지만 땅에 떨어진 잎 중에 신나무만큼 화려한 작품을 보지 못했다. 이파리는 가운데가 길게 뻗고 양옆으로 작게 돌출해 전체적으로 두툼한 삼지창 형태로 갈라지는데 가을이 될 즈음 광합성을 빨리 끝내버리고 서둘러 제 본연의 색을 찾아간다. 노랗다가 붉어지다 못해 검붉게 변하는 잎은 책갈피로 쓰고 싶을 만큼 화려하고 아름답다. 맛도 좋은가 보다. 잎의 표피층 바로 아래에는 신실한 구도자의 여정처럼 애벌레의 미식여행길이 구불구불 이어져 있다. 나무에 달려 있을 때 충분히 저장한 영양분으로 잎은 아직 달고 맛있는 육즙으로 가득하다. 신나무의 일원으로서 소임을 다하고 땅에 떨어진 잎은 갓 태동한 애벌레에게 생태계 순환의 바통을 넘겨준다.

누에나방과 함께한 50일은 내 생애 가장 드라마틱하고 숨가쁜 나날이었다. 의도도 기대도 없이 날아든 애벌레의 출현으로 심장이 시도 때도 없이 자맥질했다. 하루하루 무지개가 떴다가 불꽃놀이가 터졌다가 가슴에 구멍이 뚫렸다. 가장 놀랐던 것은 내 마음의 형태와 향방이었다. 내가 티끌 같은 존재에게 이렇게까지 의미 부여를 할 줄 몰랐고 그것들에 매료되어 감정의 여울을 만들어나갈 줄 몰랐다. 자정이면 사라지는 호박마차처럼, 여름이 절정에 달하는 시기에 나방들은 약속한 듯 차례로 소멸했다. 기후재난으로 유난히 습하고 뜨거운 여름이었다.

애벌레들에게 정이 담뿍 들면서부터 관찰의 기쁨이 더해졌었다. 애벌레들의 서사를 지어낼 때 특히 재미있었다. 애벌레 시절의 토마스는 보디가드처럼 듬직했고 몽쉘은 친구들의 뽕잎을 빼앗아 먹는 것을 즐기는 수다쟁이였다. 막냉이는 까칠한 아웃사이더가 될 것 같았고 폭군 기질은 토마스보다 오히려 회오리가 다분했다. 작지만 어딘가 시니컬했던 흰둥이는 나방에의 미련을 떨치고 누구보다 먼저 자연으로 회귀했다. 우아하게 머리를 들던 소피, 작고 귀엽던 동백이, 혼자만의 시간을 즐기던 술래가 막상 암컷 나방이 되고 나서 애벌레 시절의 특성은 고사하고 거의 제 발로 움직이지 못한다는 사실에 적잖이 충격을 받기도 했다.

나 혼자만의 서사는 애벌레들이 우화하는 순간부터 철저히 깨졌다. 번데기의 우화는 애벌레와 나방, 두 세계의 완벽한 분리를 뜻했다. 성장하고 순환하게 하는 것은 여름의 특권이다. 태풍, 장대비, 폭염 등 어디서 무슨 일이 일어난대도 이상하지 않은 예측불허의 날들이 오르락내리락한다. 그래서 여름은 비밀을 만들기 좋은 계절이다.

성큼성큼 걷느라 더워진 목덜미를 한 줄기 바람이 식히고 지나간다. 계절의 순환을 알리는 척후병은 언제나 바람이다. 이맘때의 바람은 끓어오르던 습기를 식히고 물 먹어 늘어진 나뭇잎을 살랑살랑 흔들어 깨운다. 나무 사이사이, 구릉과 계곡을 날쌔고 부드럽게 보듬으면서 물기 먹은 구름을 저 멀리 날려버린다. 기세등등하게 뻗어 오르던 가지와 여름 한 철 통통하게 살이 올랐던 잎들은 바람에 마르고 햇살에 부서진다. 가지 겨드랑이와 끄트머리에 단단하게 달려 있던 그것들은 아주 작은 기척과 함께 제 세상을 박차고 또 다른 세상으로 진입한다. 마른 잎은 쓰임을 다해 버려지는 것이 아니라 제 나무의 겨울나기를 위해 뿌리 곁으로 지원 사격을 간다. 그렇게 후텁지근하던 대지의 숨통이 열린다. 비로소 가을이다.

나무들이 빽빽한 오르막길을 걸어 올라가 평지를 20분쯤 더 가면 나의 나방들이 묻혀 있는 은사시나무 군락지가 나온다. 이 코스는 아홉 마리 누에나방을 만난 여름 이후 나의 고정된 산책길이 되어버렸다. 처음 얼마 동안은 옆을 지날 때마다 처연한 기분이 되곤 했는데 이제는 편안하다. 잊은 것이 아니라 마음에 자리를 잡아서다. 당시 눌러놓은 멜론 크기의 돌덩이는 서너 바퀴쯤 옆으로 굴러가 있다. 사람이 굳이 비좁은 나무들 사이에 들어갔을 리는 없고 고라니의 뒷발에 채였거나 상수리 열매를 찾는 다람쥐의 잰 손길에 밀려났을 것이다. 나만 알아챌 수 있도록 돌멩이들을 괴어 놓은 덕에 커다란 돌덩이가 없어도 그곳이 나방이 묻힌 곳이라는 걸 알 수 있다.

나는 조금 떨어진 너럭바위에 앉아 나방들은 무엇이 되었을까를 상상한다. 생물학적으로야 이미 미생물에 의해 분해되었거나 대지의 일원이 되었을 것이다. 그리고 나의 상상은 거기서 시작한다. 땅에 묻혔다가 도플갱어가 되어 어딘가에 다시 모여 있을 거라는 상상을 하니 절로 미소가 번진다. 씩씩한 토마스는 이번에도 무조건 직진하고 있을까. 소피와 해보는 다음 생에는 사이좋게 지냈으면 좋으련만. 흰둥이는 끝까지 살아서 꼭 멋진 날개를 달았으면 좋겠고 술래는 품었던 알을 이번에는 모두 낳을 수 있으면 좋겠다. 회오리야, 벽 타기 기술도 좋지만 이번 생에는 낙상은 안 돼. 동백이는 이번에는 친구를 많이 만들면 좋겠다. 소피와 막냉이는 이번 생에도 다시 한번 타오르는 사랑을 해보련? 그리고 화낼 줄 모르는 평화주의자, 나의 선비 몽쉘에게는 바람이라곤 없이 그리움뿐이다.

누에나방들이 정해진 바대로 생의 규칙을 수행하는 것을 지켜보면서 나는 점점 어떤 숭고함에 사로잡혀 갔다. 우리는 하나의 생명으로 세상에 나와 소멸을 향해 뚜벅뚜벅 나아간다는 삶의 준엄한 질서를 배웠다. 고명한 학자의 저술이나 냉철한 선각자의 강의에서가 아닌, 날개가 있어도 날지 못하는 누에나방 따위에게 정통으로 저격당한 인생의 죽비였다. 그런 의미에서 누에나방은 나에게 미물이면서 영물이기도 했다. 어떤 일 또는 누군가와 해답을 찾지 못할 때에는 고요한 둥지에 기대 내 마음을 투영했다. 애벌레가 잎을 갉는 소리만 들리는 작은 공간은 묵상과 기도의 성지가 되어주곤 했다.

둥지에서 보낸 한 철

너럭바위를 지난다. 나방들의 돌무더기가 보인다. 나는 그곳을 향해 싱긋 웃고는 아무 일 없다는 듯이 지나친다. 누구도 내가 나의 나방들에게 안녕을 속삭이는 것을 보지 못한다. 처음 숲 공부를 시작했을 때 모든 것이 신기하고 재미있었다. 수업 시간에 배우고 탐사활동에서 만나는 모든 자연적인 것이, 그것들로 이루어진 생태계가 경이로웠다. 살아오면서 나를 각성시킨 찰나를 돌이켜보면 당장은 하찮고 대수롭지 않은 것들이 대부분이었다.

아침마다 다니던 동네 산책로에서 딱따구리가 드러밍하는 소리를 듣고 우뚝 걸음을 멈췄던 적이 있다. 그 전까지는 그 소리를 이른 아침부터 울리는 인근 공사장의 기계음인 줄로만 알고 성가셔하기만 했다. 딱따구리가 부리로 나무를 파는 소리인 줄은 사십 평생이 넘어서야 알았다.

비를 피해 산책로 정자를 찾아온 달팽이를 징그러워하지

않는 내가 신기한 적도 있었다. 달팽이가 안전한 풀숲으로 들어갈 때까지 눈으로 좇다가 시간이 한참 지난 줄도 몰랐었다. 하염없이 느리게 기어가는데 잠깐 한눈을 파는 사이 저만치 가버리는 달팽이의 축지법 또는 마법의 행진을 누가 설명해주면 좋겠다. 인간이 잘난 척할 수 있는 순간은 오로지 인간 앞에서만 가능하다. 특히나 자연 앞에서는 더욱 두 손을 모을 일이다.

이런저런 찰나가 쌓여 내가 알던 세계가 뒤집어지고 새로운 세계가 열린다. 미비한 존재들로부터 생생한 충격을 느낀 숱한 순간을 지나 나는 이곳에 이르렀다. 정반대의 가치들을 숭배하고 살아온 것을 고백할 틈도 없이 미물에의 경탄은 갑작스럽고 느닷없이 구체화되었다. 하찮고도 하찮은 누에나방 탓이다.

살아갈수록 타자에 대한 탄력성이 떨어지는 게 인지상정이다. 방어기제로서의 자기애, 변화를 두려워하는 보수성, 자신이 이룬 것만 믿는 외곬기질 때문이다. 피할 수 없이 중년의 문턱에 섰을 때 나도 그랬다. 내가 아는 것과 느낀 것, 이룬 것에만 가치를 두었다. 적당히 이룰 만한 것들을 이룬 내가 이제 와 새삼스레 나를 바꿀 가치가 있을까 궁금했고, 그렇다면 알고 싶었다. 그러한 중간평가는 성찰의 즐거움이 아니라 깊은 우울감을 안겨주었다. 나는 이제 틀에 박힌 중

년이 되는 일만 남았나, 앞으로의 나에게 짜릿하고 즐겁고 귀한 일은 더 이상 일어나지 않으려나 상념이 깊어갔다. 그러다 자만을 버리고 포복하면서 인식의 지평을 연 사건이 일어났다. 고물고물 뽕잎 위에 나부끼던 아홉 누에를 만나고부터다.

세계의 전복이 일어난 어느 초여름이 생생하다. 시작은 작은 상자에 보푸라기처럼 흩어져 있던 아홉 개의 실선이었다. 겁도 없이 그것들(!)을 집에 들인 뒤부터 문턱이 닳도록 뽕잎을 날랐다. 말을 걸고 떨리는 스킨십을 하고 그리워하고 거짓 없이 진심을 다했다. 흰둥이라는 소중한 친구를 거둔 날은 나머지 여덟 친구에게 미안했고 알을 낳는 술래의 안간힘에는 기도를 보탰다. 회오리의 길고 긴 하직인사에 먹먹한 슬픔에 잠겼다가 막냉이와 소피의 사랑에 잠시나마 평안을 얻기도 했다.

나는 지금도 가끔 그들의 무구한 고갯짓을 떠올린다. 당신을 해할 의도와 무기가 없다고, 나는 당신을 받아들인다고 고개를 내 쪽으로 틀어 선명하게 웅변했다. 이렇게 작은 동물이 물러섬 없이 자신을 표현한다는 것이 놀라웠다. 상대가 누군 줄 알고 겁도 없이, 그토록 순진하고 당당할 수 있는가 말이다. 나는 또 바닥을 힘차게 밟던 한 쌍의 꼬리발을 떠올린다. 먹이 냄새를 좇아갈 때, 잎자루에 길게 몸을 늘이고 쉴 때, 고치를 만들 때 가장 든든하게 누에를 뒷받침해주었다. 그것은 오차 없는 나침반이었고 말랑한 몸이 유일하게 믿는 뒷배였다. 일단 꼬리발을 바닥에 붙이면 누에의 추진력은 배가되었다. 그 단호함, 주저 없음이 좋았다. 그뿐인가. 꼬리발을 딛기 전 바닥을 탐색하느라 좌우로 살짝 움직일 때 그야말로 의외의 귀여움이 터진다. 누에에게서 감지되는 매력들은 자연스럽게 나의 일상에 투사되었다. 누에가 사사한 가르침 가운데 특히 내가 감화한 것을 요약하자면 이렇다. 너그럽게 당당하게 귀엽게, 누에처럼!

돌이켜보니 모든 순간 사랑이 아닌 적이 없었다. 유월의 햇살이 태풍에 실려 스러질 때까지 곡진하게 노래한 나만의 세레나데였다. 미색 세상에서 보낸 아름다운 한 철이었다. 알에서 깬 어린누에는 열여섯 쌍의 꼬리발과 배발, 가슴발을 움직여 0.1밀리미터를 간다. 시간이 지날수록 이동거리는 늘어난다. 그래도 열여섯 쌍의 발을 모두 움직여야 비로소 한 걸음이 된다는 사실은 변하지 않는다. 누에나방이 고치를 찢고 몸을 빼내기까지 걸리는 시간은 저마다 다르다.

어떤 누에나방은 앞발로 하염없이 긁기만 하다 안에서 죽는 경우도 있다. 마지막 뒷심까지 필사적으로 투신해야 누에나방의 날갯짓을 허락받는다.

누구는 생태적 소통이라고 했고 누구는 괴이한 취미 생활이라고 했다. 어떻게 보이든 무엇으로 불리든 상관없었다. 생명이 나고 스러지는 과정을 이렇게 가까이서 오감으로 함께 나눈 적은 처음이었다. 감각이 깨어나고 크고 작은 각성이 내 안에서 아우성쳤다. 나는 생의 준엄한 명령 속에서 뚜벅뚜벅 살다 간 아홉 개의 단정한 생을 보았다.

그들에게 배운 교훈대로 최선을 다한 한 걸음으로 나로서 오롯이 나의 삶을 살아갈 것이다. 한 순간도 살아 있는 감각을 잃지 않을 것. 그렇게 생생히 살아갈 것. 어느 초여름 저녁, 그의 이마를 살며시 건드렸을 때 떨리는 손끝에 전해졌던 회오리의 답신이었다. 그날 이후 나는 아홉 마리 누에나방이 베풀어준 특별한 우정 속에서 하루하루를 살고 있다.

나의 아름다운 미물들, 안녕히.

하찮은 매혹으로부터
다시 숲으로

인간은 유약하고 음험하고 불안하고 경박한 심상의 더께를
덕지덕지 얹으며 살아간다. 그에 반해 누에나방의 삶은 간
결하고 과감하다. 그들은 애벌레-고치-번데기-나방으로
개별적인 세계를 살다가 때가 오면 이전의 삶을 완전히 끊
어내고 다음 세계로 나아간다. 평균연령 83세를 기준으로
인간은 평균일수 50일인 누에나방보다 5만 배 넘는 수명을
누리지만 누에나방 한살이의 독립성과 과단성에는 비교가
되지 못한다.

필요한 만큼만 몸을 키운 다음 곡기를 끊고 입에서 뽑아
낸 실로 집을 지으며, 그 안에서 스스로 분해와 형성 과정을
통해 나방이 되는 이 영민하고 놀라운 곤충을 우리는 마냥
하찮다고만 말할 수 있을까. 나쁜 인연, 의심스러운 결정, 근

거 없는 망상의 더께만 덜어내도 우리의 삶은 지금보다 훨씬 정갈해지고 근사해질 것이다. 말하자면 누에나방만큼만 살아도 인간다운 삶을 더욱 공고히 할 수 있다. 살다 살다 누에나방을 교훈 삼는 날이 올 줄 누가 알았을까마는 나는 이런 각성이 고맙고 즐겁다. 흠뻑 빠져 사랑한 대상들에게 얻은 메시지이니 감동이 배가되는 것은 어쩌면 당연하다.

몸을 낮출 때 남들이 듣고 보지 못하는 자연의 메시지를 들을 수 있다는 작은 진리도 누에나방을 통해 깨달았다. 실제로 누에나방을 더 자세히 살펴보기 위해 코가 이지러지도록 방바닥에 얼굴을 붙이고 돋보기를 들었던 적이 많았다. 둥지 벽에 붙어 있다가 바스러진 낙엽처럼 생을 마감하는 것 같아도 누에나방의 삶은 결코 무색무취가 아니었다. 짝 앞에서 때론 폭거에 가깝도록 저돌적인 수컷이었고 때론 적극적인 암컷이었으며 혼자만의 시간을 보낼 때는 한없이 낭만적인 수컷이었고 마음에 드는 수컷을 기다릴 줄 아는 암컷이기도 했다.

그들은 둥지 꼭대기에 올라 뱅뱅 돌며 주저했고 부상당한 다리로 몸을 흔들며 울었다. 램프의 작은 불빛 아래에서 긴 시간을 보냈고, 무슨 영문인지 친구의 주검 근처에는 절대 가지 않았다. 누에나방 옆에 몸을 낮추고 그들에게 눈을 맞추다 보면 익숙한 것들의 개념이 달라지곤 했다. 그들의 시간은 달이 뜨는 시간을 기점으로 돌았고 움직임의 동인은 오로지 빛과 냄새였다. 둥지 밖으로 탈출해 반나절 이상 꼼짝하지 않는다는 건 조용히 빛의 이동을 기다린다는 의미였다.

누에나방이 바꿔놓은 내 일신상의 변화도 두어 가지다. 둥지를 확인하려고 툭하면 바닥에 엎드리거나 모로 눕는 것까진 좋았는데 종종 잠이 들어버렸다. 이 때문에 밤잠을 설칠 줄 알았는데 웬걸, 오히려 남은 오후가 늘어지지 않고 가뿐해졌다. 누에 곁에서의 토막잠으로 하루를 활력 있게 보낸 날이 많았다. 냄새나는 것들의 원천을 톺아보는 습관도 몸에 남았다. 누에에게 해로울까를 생각하다가 든 버릇인데 누에에게 해로운 것은 인간에게도 유익하지 않았다. 향이 오래 남는 것을 멀리하면서 나와 지구 모두에게 안전한 방향으로 삶의 지향점이 아주 살짝 이동했다. 누에는 생각보다 많은 것을 나에게 남겼고 나는 이 일상의 변화를 소중하게 받아들이는 중이다.

○ ○₆○ ○

상념과 함께 바지를 툭툭 털어내고 일어났다. 오솔길을 따라 산책을 이어가기로 한다. 폭신한 길의 양 옆으로 상수리나무와 떡갈나무 열매들이 떨어져 있다. 제 딴에는 씨앗이 될 포부에 차 있겠지만 안타깝게도 이르면 오늘밤 눈 좋은 다람쥐의 간식주머니에 들어갈 공산이 크다. 주변에 도토리 껍질이 숱한 것을 보니 이미 청서 군단이 훑고 지나간 뒤다. 청서는 다람쥐보다 낯가림이 적고 식탐도 많다. 나는 길가에 떨어져 있는 상수리나무 열매 네댓 알을 주워 숲의 안쪽으로 힘껏 던져주었다. 사람들이 오가는 길가보다 숲속에 있는 편이 동물들이 먹거나 씨앗으로 발아하기에 안전할 것이다.

둥지 안팎의 나방들에게 눈을 맞추듯 숲에서도 몸을 낮춰야 새로운 세상을 볼 수 있다. 2월 말이면 수도권에는 다양한 품종의 바람꽃들이 꽃대를 올린다. 회갈색의 낙엽 사이에서 찬바람에 흔들리고 있는 여린 꽃대를 만나려면 허리를 깊이 숙여야 한다. 변산바람꽃, 너도바람꽃, 홀아비바람꽃, 꿩의바람꽃 등 바람꽃들이 채비를 마치면 수십여 종의 제비꽃 대가족이 뒤를 잇는다. 다해봐야 한 뼘이 될까 말까 한 봄꽃들은 꽃의 생김새, 잔털의 유무, 잎의 모양과 개수 등에 따라 저마다 어엿한 이름을 갖는다.

추위에 얼세라 잔뜩 키를 낮춘 봄꽃은 겨울에서 봄이 오는 길목에서 꽃샘추위가 기승을 부릴 때라야 만날 수 있다. 이들은 낙엽이 우거진 수풀이나 초록이라곤 찾아볼 수 없는 비탈에서 독보적인 존재감을 드러낸다. 추위를 피하느라 바람이 지나는 방향으로 굽어 있는 모습은 애처로운 한편 의

연하다. 봄이 오는 길을 마중하려면 몸을 낮추고 발끝을 세워 걸어야 한다. 언 땅 위에 꽃대를 밀어올린 수고를 생각하면 혹여 밟을 새라 까치발로 살금살금 걸을 수밖에 없다. 얼음계곡 옆에 싹을 틔우고 칼바람에도 끝내 꽃을 피우는 진짜 봄은 그래야 만날 수 있다.

늦은 가을과 이른 겨울 무렵 운이 좋으면 산에서 빙화를 만날 수 있다. 얼음꽃으로 불리기도 하는 빙화는 성에나 수증기가 아니라 물이 얼어서 만들어진다. 날씨는 꽁꽁 얼어붙었어도 땅속은 따뜻한 조금 까다로운 조건에서 형성된다. 일단 식물은 아직 얼지 않은 땅으로부터 물을 끌어올리는 참이다. 그러다 갑자기 기온이 떨어지면 가지에 있던 수액이 언 채로 팽창하면서 가지 밖으로 밀려나는데 이 과정에서 매우 얇고 기하학적인 얼음막이 만들어진다.

지난겨울 나는 강원도의 산자락에서 빙화와 조우했다. 이른 아침 쨍한 겨울햇살 속으로 산보를 나갔다가 누가 버린 휴지처럼 하얀 뭉치가 군데군데 놓인 것을 보았다. 가까이 갈수록 빚은 듯 형태가 고왔다. 허리를 낮춰 들여다보고는 빙화인 것을 알았다. 순백의 빙화는 아름답고 오묘하지만 줄기를 감아 안고 만들어졌기에 건드리는 순간 줄기와 함께 부서지는 얼음장 같은 마음을 가졌다. 우연히 빙화를 만난다면 햇살에 녹아 대지에 스미기까지의 짧은 시간이나마 독보적인 존재감을 뽐내도록 그대로 두는 것이 좋다.

◌ ◌ᢒᡘᢒ ◌

은사시나무 군락지에 처음 갔던 건 흰둥이를 묻기 위해서였다. 애벌레나 잘 묻어주고 오자는 마음으로 털레털레 신고 간 슬리퍼 끈이 떨어지면서 갑자기 맨발이 되었다. 할 수 없이 맨발 그대로 걸었다. 맨발걷기 열풍이 태동할 즈음이었다. 정성 들여 키우던 애벌레들 중 한 마리가 죽었고 슬픔이 가슴 가득했기에 맨발로 걷는 해방감이 썩 괜찮았다.

이후로 가끔 맨발로 숲을 걸었다. 맨발이건 아니건 근처에 숲이 있고 계절이 가을로 들어섰다면 열일을 제치고 숲으로 가기를 권한다. 필요한 것은 오직 평소 신던 그대로의 신발 한 켤레다. 내 몸에 잘 드는 보약을 먹듯이, 황홀한 음악에 이끌리듯이, 그리운 이를 만난 듯이 계절이 빚은 시간 속으로 스며볼 일이다.

조금 깊은 숲에선 종종 두 개의 계절을 만난다. 가을에 만나는 또 다른 계절은 당연히 겨울이다. 아직 누에나방 집사가 되기 전인 지난해 11월 초순 속리산에 올랐다가 간밤에 내린 눈을 소복하게 품고 있는 커다란 고사목을 만났다. 저 홀로 쓰러진 지 오래돼 보이는 나무는 이미 미생물과 각종 생물들의 우주가 돼 있었다. 갈라지고 패인 줄기 안쪽에 녹지 않은 흰 눈이 은하수처럼 반짝이고 있었다. 손바닥으로 눈을 쓸어 담았더니 녹기는커녕 냉기가 팔팔했다. 단풍이 깊어가는 가을 속에서 만난 겨울은 갑자기 날아든 낭보처럼 간단했고 설렜다.

숲은 깊었고 새소리는 없었다. 바위틈에는 가늘고 누런 사초들이 조용히 말라갔다. 축축한 흙냄새와 장렬히 산화 중인 붉은 단풍과 차고 깊게 흐르는 계곡 물소리만이 만추의 정취를 자아냈다. 완벽한 충일감을 느낄 때 한편으로 비현실적인 슬픔을 느끼는 까닭은 그 완결성이 오래가지 않을 것을 알기 때문이다. 가을이면서 겨울인 아름다운 순간이었다. 나는 배낭을 바닥에 내려놓고 나무 등걸에 걸터앉아 갖고 온 차를 마셨다. 눈을 담았던 손바닥의 냉기가 뜨거운 컵에 닿아 조금씩 따듯해졌다.

내가 정한 원칙이 잘 작동하고 세상의 이치가 그에 들어맞을 때 내 삶의 방식이 틀린 것은 아니라는 안도감이 든다. 더불어 자신감도 손가락 한 마디쯤 늘어난다. 사계절을 가리지는 않지만 특히 가을에는 오롯이 혼자 하루 동안 산행을 한다. 특별한 이유나 노리는 성과 또는 기대가 없다. 그저 더운 콧김을 내쉬고 들이마시며 숲으로 들어간다. 마른 잎들, 차고 맑은 계곡, 내 발길에 다져지는 부엽토, 능선마다 태를 바꾸는 하늘과 나무들을 바라본다. 방해하지도 방해받지도 않는 혼자의 산행은 적막하지만 그만큼 비밀스런 행복으로 가득하다. 꿈에 그리던 사람을 만난 듯이 숲의 적요 속에서 눈을 감아본 사람만이 그 행복의 결을 느낄 수 있다.

○ ᝰ ○

내 인생 최강의 번아웃이 찾아왔을 당시 숨이 잘 쉬어지지 않았다. 의지나 기분과 상관없이 심장과 혈관이 엇박자를 냈다. 힘껏 들이마시는 것까진 괜찮은데 몸에 힘을 빼지 못하니 숨이 밖으로 나오지를 못했다. 고작 내가 삼킨 숨 한 모금을 밖으로 꺼내는 일이 몹시 어려웠다.

숲을 찾은 이유는 숨을 쉬기 위해서였다. 호흡을 고르고 눈을 감았다 뜨는 단순한 동작을 끝도 없이 반복하면서 몸과 마음이 자리를 찾아갔다. 짧지 않은 시간이 흘렀다. 나에게 하루, 한 철, 한 해의 숲과 함께하는 일은 해가 뜨고 지듯 자연스럽다. 그 시간 안에서 누에를 키우고 누에나방을 지켜보았다. 그들은 작았고, 작았기에 단순하고 우아했다. 그저 기고 갉는, 불빛을 따라 날개나 비빌 뿐인 초소형 존재는 나에게 삶의 균형을 찾아가는 행보에 대해 웅변해주었다. 몸에 힘을 빼지 못해 호흡을 방해받는 일이 없었다. 열여섯 개의 다리가 있고 두 겹의 아름다운 날개가 있지만 뛰거나 날지 않았다. 형태보다 쓰임에 매진했고 우회하지 않고 직진

했다.

둥지 안팎으로 널브러져 있던 각각 애벌레와 누에나방 시절을 떠올릴 적마다 그 모습이 그렇게 자연스럽고 아름다울 수가 없었다. 나는 다시 숲으로 간다. 삼킨 만큼 뱉으면서 나아가는 것, 숲에서 내가 하는 일은 오로지 이 한 가지다. 누에나방을 만난 뒤로 한 가지 주문이 더 추가되었다. 자연스러운 것을 이기는 고결함은 없다. 한껏 고결한 나는 어깨에 힘을 빼고 흐르듯 숲으로 간다. 사랑하는 데에, 살아가는 데에 무서울 것이 없어진 기분이다. 하찮은 것으로부터 매혹되자 비로소 고결해지는 유쾌한 역설이라니!

안녕, 나의 아름다운 미물들

초판 1쇄 2024년 6월 28일 발행

지은이 안은영
펴낸이 김현종
출판본부장 배소라 **책임편집** 최세정 **편집도움** 이솔림 엄은희 **디자인** 조주희
마케팅 최재희 안형태 신재철 김예리 **경영지원** 박정아

펴낸곳 (주)메디치미디어
출판등록 2008년 8월 20일 제300-2008-76호
주소 서울특별시 중구 중림로7길 4, 3층
전화 02-735-3308 **팩스** 02-735-3309
이메일 medici@medicimedia.co.kr **홈페이지** medicimedia.co.kr
페이스북 medicimedia **인스타그램** medicimedia

© 안은영, 2024

ISBN 979-11-5706-358-1(03810)